AUSTIN MAHONE

Como tudo começou

Minha história oficial

Tradução
BRUNA HARTSTEIN

1ª edição

BestSeller

Rio de Janeiro | 2015

CIP-BRASIL. CATALOGAÇÃO NA FONTE
SINDICATO NACIONAL DOS EDITORES DE LIVROS, RJ

Mahone, Austin
M182a Austin Mahone: Como tudo começou – Minha história oficial / Austin Mahone ; tradução Bruna Hartstein. – 1ª ed. - Rio de Janeiro: Best*Seller*, 2015.
il.

Tradução de: Austin Mahone: Just How it Happened – My Official Story
ISBN 978-85-7684-914-8

1. Mahone, Austin, 1996- biografia. 2. Cantores - Estados Unidos - Biografia. I. Título.

15-21750 CDD: 927.8164
CDU: 929:78.067.27

Texto revisado segundo o novo Acordo Ortográfico da Língua Portuguesa.

Título original
AUSTIN MAHONE: JUST HOW IT HAPPENED – MY OFFICIAL STORY

Foto de capa: Howard Huang
Foto de quarta capa: Luis Valverde
Design de capa: Ian McAllister

Design de miolo: Sasha Illingworth

Adaptação de capa e editoração eletrônica: Renata Vidal

Impresso no Brasil

ISBN 978-85-7684-914-8

Seja um leitor preferencial Record.
Cadastre-se e receba informações sobre nossos lançamentos e nossas promoções.

Atendimento e venda direta ao leitor
mdireto@record.com.br ou (21) 2585-2002

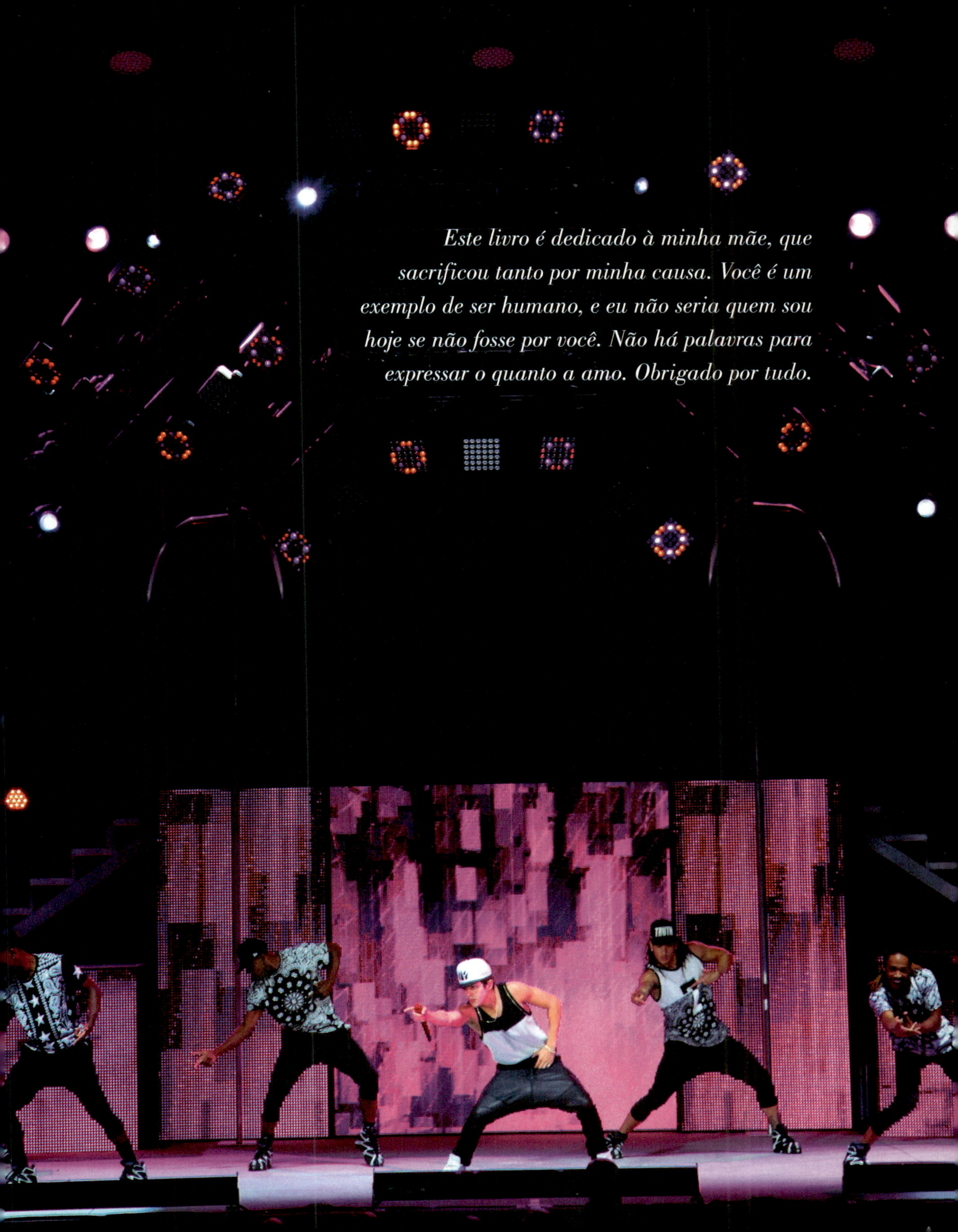

Este livro é dedicado à minha mãe, que sacrificou tanto por minha causa. Você é um exemplo de ser humano, e eu não seria quem sou hoje se não fosse por você. Não há palavras para expressar o quanto a amo. Obrigado por tudo.

Sumário

AUSTIN MAHONE

Como tudo começou

Minha história oficial

COMEÇANDO COM O PÉ DIREITO

Sejam bem-vindos aos bastidores.

Algo que todos precisam saber a meu respeito é o quanto amo meus fãs. São vocês que fazem com que tudo isto seja possível. Que me incentivam dia após dia a viver meu sonho, a criar minha música e a me apresentar ao redor do mundo.

Vocês são como a minha família.

Foram vocês que me apoiaram quando fiquei doente e tive que adiar minha primeira turnê como atração principal, a MTV Artist to Watch Tour. Que me animaram enquanto eu estava me recuperando. Que me fizeram companhia durante as longas horas de tédio sozinho em meu quarto. E, o melhor de tudo, que estiveram presentes para festejar comigo durante todas as minhas importantes primeiras vezes — o primeiro show, o lançamento do primeiro single, a primeira vez em rede nacional de televisão, a primeira viagem para fora do país, a primeira vez em que comi sushi, o primeiro prêmio etc.

Acho, então, que está na hora de saberem um pouco mais a meu respeito e conhecerem o resto da minha família. Não só a minha mãe.

Vocês já a conhecem. Estou falando da família que está sempre comigo — e com vocês, já que estão sempre comigo também —, me fazendo companhia quando estou na estrada, durante os bons e maus momentos.

Vejam bem, minha equipe inteira é uma grande família. Sei que as pessoas sempre dizem isso. No entanto, sinto que às vezes, em muitas das outras equipes, os membros não ligam realmente para o que acontece com os outros. Eles fazem seu trabalho individualmente para que as coisas fiquem boas diante das câmeras, e é só isso. Nós definitivamente não somos assim.

Nossa conexão é forte. Estamos sempre juntos, antes e depois dos shows. Vamos ao cinema juntos. Jogamos basquete nos bastidores. Realmente cuidamos uns dos outros como uma família e, o mais importante, essas são as pessoas que me dizem se estou parecendo um idiota ou se preciso me esforçar mais.

Temos uma tradição antes de cada show. Ela começou lá atrás, quando éramos apenas minha mãe e eu. Embora a equipe tenha crescido um bocado desde então, a ideia é a mesma. A última coisa que faço antes de cada show, não importa onde eu esteja nem se estou tocando para umas poucas centenas ou milhares de Mahomies, é reunir todo mundo nos bastidores para uma oração.

O encontro de hoje é muito importante porque não estamos tocando em um lugar qualquer. Estamos em San Antonio, no Texas, o lugar onde nasci e fui criado. Atualmente moro na Flórida, mas, onde quer que eu vá, o Texas sempre será meu lar.

Hoje é o dia 25 de julho de 2014. Vou tocar no Freeman Coliseum, um lugar a que fui tantas vezes com minha família durante a infância para assistir a rodeios e, anos depois, já um pouco mais velho, para ver, do fundo das arquibancadas, alguns de meus amigos participarem de competições de cheerleaders. Para mim, a noite de hoje é não só uma volta ao lar, mas também a primeira apresentação de minha primeira turnê nacional como artista principal — daqui partiremos para outras trinta apresentações nos próximos 45 dias, e não há lugar no mundo onde eu preferiria dar início a essa turnê.

Olhando ao meu redor, eu poderia estar nos bastidores de qualquer casa de shows do planeta. Depois de um tempo, todas elas começam a parecer iguais — colunas e pisos de cimento industrial cinza, enormes espaços vazios que enchemos de equipamentos e pessoas zanzando de um lado para o outro para preparar um grande show ao vivo. A sala em que estamos é feita para relaxar, creio eu — um cômodo acarpetado, com sofás e alguma comida —, porém, nenhum lugar nessas turnês nos dá a sensação de estarmos em casa. É por isso que as pessoas à minha volta são tão importantes. Juntamente com meus fãs, elas são meu lar, não importa há quanto tempo eu não veja meu próprio quarto em Miami nem quanto tempo vá levar até vê-lo novamente.

Faltam mais ou menos dez minutos para o show. As atrações de abertura acabaram de se apresentar. Observei a passagem de som mais cedo. Não faz tanto tempo assim que eu estive no lugar deles, preparando a multidão para a chegada de Taylor Swift ou de grandes nomes do Jingle Ball Tour de 2013, como Miley Cyrus. Sei como é querer tirar o máximo proveito do seu tempo no palco. Estamos todos ali para tocar música e nos divertir. O prédio inteiro já está vibrando com uma energia incrível. Mal posso esperar para subir no palco.

No entanto, primeiro é preciso parar um minuto para agradecer a todos e a tudo o que foi feito para chegarmos até aqui, e para nos concentrarmos no que estamos prestes a fazer. O círculo de oração hoje à noite é muito especial porque conta com quase todas as pessoas que me ajudaram a chegar onde estou hoje.

Nos reunimos e passamos os braços em volta uns dos outros. Toda a minha equipe empresarial está aqui: Rocco Valdes, Michael Blumstein, David

Abram e Brian Spirio. Eles são como figuras paternas para mim, ou como irmãos mais velhos, depende do dia. Junto com a minha mãe, esses caras estão sempre cuidando de mim.

Mike é quem sempre conduz nosso círculo de oração. Ele tem aquele senso de humor típico de pais que é tão ruim que chega a ser bom, sabem como é? É meio brega. Todos os nossos amigos zombam das péssimas piadas dele. Como eu disse, a gente se diverte, o que é importante. Passamos muito tempo juntos.

Nenhum lugar nessas turnês nos dá a sensação de estarmos em casa. É por isso que as pessoas à minha volta são tão importantes. Juntamente com meus fãs, elas são meu lar.

— Pé direito à frente — diz Mike.

Ponho meu pé direito à frente. Estou usando meu Jordan preto e vermelho, que é o que geralmente gosto de usar nas apresentações porque é um tênis grande e pesado que funciona muito bem para fazer coisas como girar na ponta dos dedos (um de meus passos prediletos). À minha volta, outras duas dúzias de pés direitos se posicionam no centro do círculo.

— Estamos aqui — continua Mike. — Conseguimos. Foram dois anos e meio de preparação para chegarmos a este palco. E agora estamos aqui. Todos os ingressos foram vendidos. Parabéns, Austin.

Todos batem palmas e comemoram. É maravilhoso escutar isso — *ingressos esgotados para o show em minha cidade natal* —, e ver todo mundo tão animado.

ESTAMOS TODOS ALI PARA TOCAR MÚSICA E NOS DIVERTIR.

— Obrigado — digo. — Obrigado.

Então é a vez de Dave.

— Meu garoto — diz ele, olhando para mim. — É isso aí! Vamos dar uma provinha para ele, certo? Certo? — acrescenta, batendo palmas com mais força.

Os aplausos aumentam — já estou ficando bastante animado e nem apareci no palco ainda, onde as comemorações realmente passarão para outro estágio.

— Este é o primeiro show de trinta — observa Mike, começando o discurso de incentivo que eu já sabia que estava por vir. — Trinta shows. Vamos começar a contagem regressiva a partir de hoje. Este é o primeiro, pessoal. Temos uma longa turnê pela frente. Ficaremos na estrada por quase dois meses. Comportem-se. Tomem cuidado. Não se machuquem. Mas quero que todos deem 150 milhões por cento de si.

Todos riem. Viram? Piada de pai. Mas ele está certo. Esse é o objetivo, sempre.

— Grande porcentagem, meu chapa — retruca Dave. — Grande porcentagem!

Rimos ainda mais. Ter a equipe certa significa diversão o tempo todo, mesmo nos momentos que antecedem os grandes eventos — tal como uma família, estamos sempre dispostos a nos ajudar.

— Michele? — chama Dave, passando a palavra para minha mãe.

Ao vê-la correr os olhos pela grande família que construímos, posso dizer que está emocionada, e sei por quê. Ela já fez tanto por mim. Minha mãe largou o emprego em 2011 para me ajudar a postar vídeos no YouTube, embora eu ainda não tivesse uma carreira na música, longe disso; eram apenas vídeos no YouTube. Foi uma loucura. E isso não faz tanto tempo assim. Na época, éramos só eu e ela: viajando, tomando decisões, fazendo tudo juntos. Mas sempre acreditamos, assim como vocês sempre acreditaram.

Podem ter certeza de que, onde quer que eu esteja, minha mãe está comigo ou, pelo menos, por perto. E aqui estamos nós agora, juntos, cercados por todos aqueles que embarcaram nessa para nos ajudar.

— Bom, só quero dizer que para mim isso tudo é muito surreal, e tenho certeza de que para Austin também — diz ela. — Esta é a cidade onde ele nasceu e cresceu, San Antonio. Esperamos por isto há muito tempo, por isso estou muito animada. Espero que todos se divirtam esta noite.

Mike então olha para a próxima pessoa do círculo: meu avô, que desde o começo deu todo o apoio para mim e para minha mãe, e que todos em minha família musical chamam da mesma forma que eu, como se realmente fôssemos uma grande família.

— Vovô, quer dizer alguma coisa? — pergunta Mike.

— Bem-vindo ao lar — diz ele, olhando para mim. — Bem-vindo ao lar.

— É isso aí — declara Mike.

Agora é a minha vez. Olho para todos no círculo. Minha equipe original — Robert, AC e Zach —, meus melhores amigos desde o ensino médio. Eles não costumam dizer muito em situações como esta, mas falarei mais sobre eles depois. Os três viajam comigo para onde quer que eu vá e têm um papel importante em tudo o que eu faço.

Fleetwood Mac
RAP METAL RULERS
MAROON 5
Radiohead
Beasties RULE!
Mariah Carey
GREEN DAY
Puff Daddy

Meus dançarinos, que trabalharam tanto para preparar esta turnê e que passam tanto tempo comigo — o motivo de parecermos meninos no palco é porque somos isso mesmo, meninos; meu diretor musical e braço direito, Abe Poythress; meu coreógrafo, Nick DeMoura; a assistente dele, Aubree; minha figurinista-chefe, Natasha Herron; a irmã de minha mãe, tia Lisa; a amiga de longa data de minha mãe, Ann Attridge, que agora trabalha como assistente dela e nos mantém unidos durante as viagens; o chefe da segurança de palco, Seth; e, por fim, o chefe da segurança, Joe. Ele não fala muito. É um cara muito sério. Mas, depois que você o conhece, é provavelmente o sujeito mais engraçado que você já encontrou na vida. Se não fosse por Joe, as viagens seriam muito chatas.

Eu falei que é preciso muita gente para preparar um show, não foi? E isso sem contar com a equipe de produção, a equipe local e as dúzias de pessoas que nos alimentaram e nos ajudaram, cinco dias atrás, a montar tudo em San Antonio para ensaiar e organizar a aventura que está prestes a ter início. Tudo que consigo pensar em dizer é: *Isto é incrível.*

— Tudo bem, vamos lá, rapaziada, vamos nos divertir — digo. — Não consigo acreditar que os ingressos estão esgotados. Vamos mostrar para todo mundo o porquê de sermos estrelas. Sei que tem pessoas lá que não são Mahomies. Vamos fazer com que se tornem, então.

Por fim, é a vez de Josh, um dos meus primeiros dançarinos. Ele é uma espécie de capitão da dança e irmão mais velho. Josh fez um teste para entrar na equipe, como todos os outros, mas tenho com ele uma afinidade maior, e a gente se dá realmente muito bem. Ele me ensina passos de dança. Na verdade, me ensina tudo: presença de palco, como andar no palco, como falar para o público — todas essas coisas. Construímos uma espécie de irmandade. Ele é o único dançarino que está comigo desde o início — bem, pelo menos desde

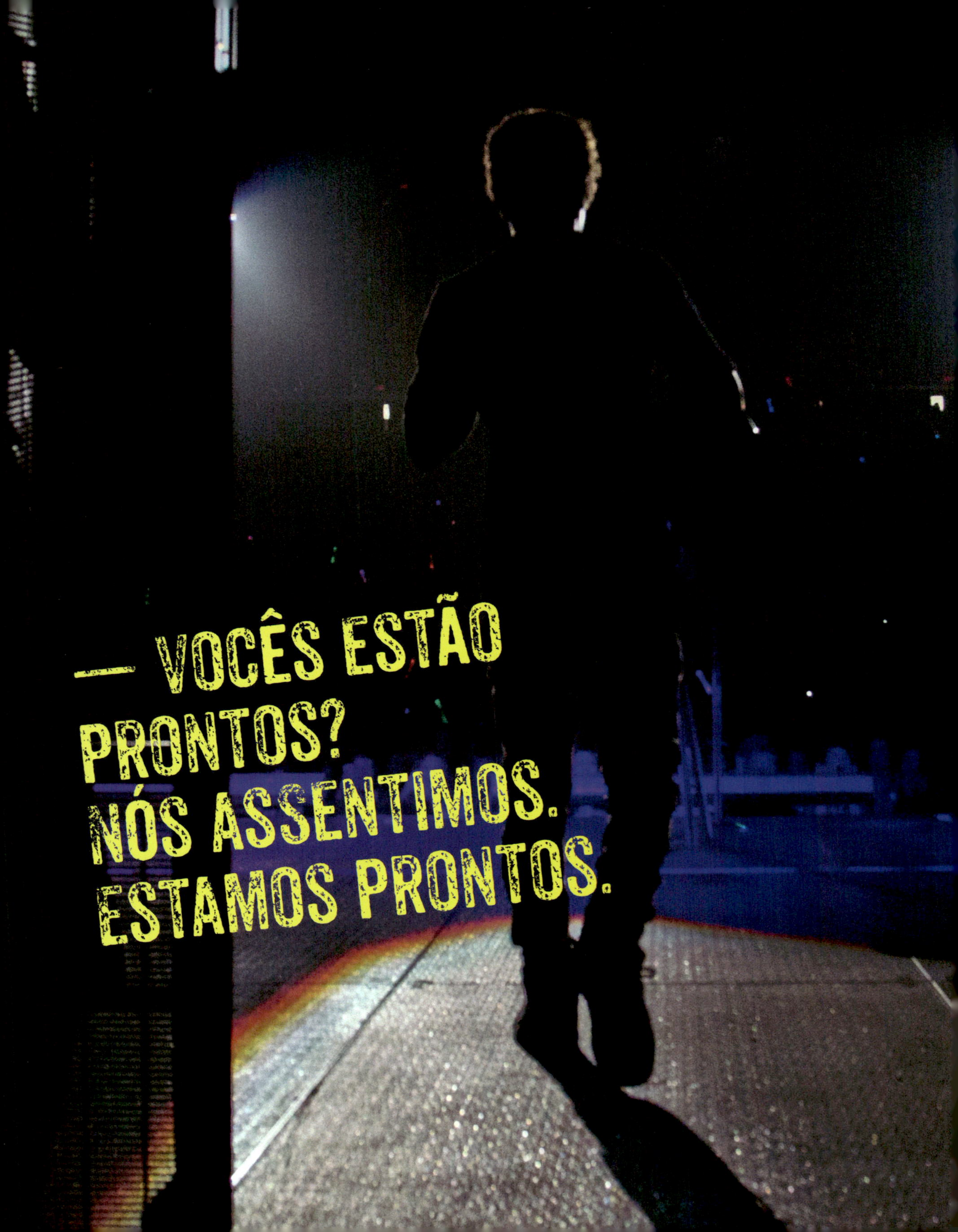

— VOCÊS ESTÃO PRONTOS?
NÓS ASSENTIMOS.
ESTAMOS PRONTOS.

o momento em que pude me dar ao luxo de começar a contratar pessoas, o que não foi exatamente o *início* do início. E é a ele que nos voltamos para a verdadeira oração.

— Muito bem, agora todos de cabeça baixa — diz ele. — Senhor, quero começar agradecendo por nos fazer chegar a este ponto, por este momento em nossas vidas e na vida do Austin. Permita que ele seja a estrela que é. Permita que todos vejam o quanto ele é fantástico e que irá brilhar não importa o que aconteça em sua vida. — Antes de concluir, Josh grita para todos os que estão no círculo e para todos da equipe que não estão. — Temos a melhor equipe. Trabalhamos juntos. Este vai ser um grande espetáculo. Agora, vamos nos divertir.

Todos no círculo respondem "Amém" e, em seguida, estendemos nossas mãos em direção ao centro, botando umas sobre as outras, como um time antes de entrar na quadra. Tudo bem, vocês podem colocar as suas também. Vocês estão conosco agora.

— Todos prontos? — pergunta Mike, correndo os olhos por cada um.

Nós assentimos. *Estamos prontos.*

— Vamos lá! — grita Mike ao estilo comandante de pelotão.

— Agora! — gritamos de volta, nos aquecendo para entrar no palco.

— Vamos lá!

— Agora!

— Vamos lá!

— Agora!

Todos levantamos as mãos ao mesmo tempo, como que pedindo silêncio, e, em seguida, aplaudimos o mais alto que conseguimos. Está na hora do show.

1. RECEITA SECRETA DE FAMÍLIA

Música e família são provavelmente as duas maiores constantes na minha vida. Durante minha infância, família significava minha mãe, meu avô e a *mema*, que é a forma como a gente chama as avós no sul dos Estados Unidos. Só conheci meu pai através das histórias que minha mãe e a família dele contavam. Eles diziam que ele era um homem muito trabalhador e que era peão em rodeios. Meu pai tirou a própria vida quando eu tinha um ano e meio, por isso não me lembro dele. Como isso aconteceu quando eu era muito pequeno, não sinto sua falta nem fico tão triste quanto as pessoas imaginam. É simplesmente algo que aconteceu com a gente, e como minha mãe é uma mulher muito forte, nunca permitiu que eu sentisse qualquer vazio provocado pela ausência dele.

Minha família é fantástica e sempre nos divertimos muito juntos. Quando eu era bem pequeno, minha mãe e eu vivíamos com o vovô e a *mema*. Depois, quando fiquei mais velho e nos mudamos para nossa própria casa, continuamos com todas as tradições familiares que eu adorava. Por exemplo, todo Dia de Ação de Graças, minha mãe e eu

dormíamos na casa dos meus avós e a *mema* acordava bem cedinho para assar um pão trançado especial que é uma receita secreta de família. Ela preparava o pão do zero, à mão, sem panificadoras nem nada do gênero, e provavelmente por isso ele era tão gostoso. Nós também acordávamos cedo, mas ela sempre se levantava muito antes, de modo que a primeira coisa que eu percebia enquanto me espreguiçava na cama era aquele cheiro delicioso de pão assando. É o melhor cheiro do mundo.

A gente se reunia na sala de estar, ainda de pijama, e se sentava no sofá para assistir à parada do Dia de Ação de Graças da Macy's na TV. *Mema* marcava o tempo perfeitamente, e ele ficava pronto bem na hora em que chegávamos na sala. Ela cortava fatias grossas do pão recém-saído do forno, as quais comíamos com manteiga e geleia. Delicioso.

Vovô se acomodava em sua poltrona especial e lia o jornal. Minha mãe se sentava comigo no sofá, tomando o café. E *mema* ficava entrando e saindo da cozinha o tempo todo, enquanto outros aromas deliciosos impregnavam o ar ao longo do dia — peru e presunto assados e tortas preparadas na hora, com um delicioso aroma açucarado (a de maçã com canela era a minha favorita).

Assistíamos à parada até o fim, as bandas marchando, os cantores em cima de carros alegóricos que passavam deslizando lentamente pela grande cidade, que ficava tão distante de San Antonio. Pela TV, víamos milhares de pessoas reunidas nas ruas, todas de gorros e casacos de inverno, enquanto no Texas eu estava usando bermuda. Queria ir lá um dia, à Nova York. Queria *ser* uma daquelas pessoas que observavam os balões e os carros alegóricos.

Vovô e eu costumávamos passar as tardes do Dia de Ação de Graças treinando arremessos de futebol americano no quintal ou simplesmente sentados ao ar livre, conversando. E, então, por volta das 16h ou 17h, a gente se reunia para comer. Quando cresci, mais um prato de Ação de Graças tornou-se um dos meus favoritos: caçarola de vagem.

Vou contar uma história engraçada. No ano passado, os editores da revista *M* estavam fazendo uma matéria especial sobre o Dia de Ação de Graças e os pratos prediletos dos artistas. Elogiei tanto a caçarola de vagem da *mema* para o repórter, que a revista entrou em contato com minha mãe e perguntou a ela se poderiam incluir nossa deliciosa receita de família para que todos os leitores pudessem apreciar o prato em casa com seus parentes. Minha mãe começou a rir e acabou revelando para eles, e para mim, que nossa fantástica receita secreta de família tinha sido copiada de uma lata de sopa de cogumelos da marca Campbell's. Hahahaha. Eu ainda a acho deliciosa.

Eu costumava visitar meus avós o tempo todo, não apenas no Dia de Ação de Graças, e vovô me ensinou muitas cosas. Ele era como um pai para mim. Era quem me levava para o quintal para me ensinar a jogar futebol americano e beisebol. Foi também quem me ensinou coisas realmente importantes da vida, como, por exemplo, a respeitar os outros.

Vovô é daquelas pessoas simpáticas e extrovertidas que fazem todo mundo se sentir bem e especial. Ele me ensinou que, ao chegar num lugar novo ou numa situação social nova, eu deveria ir até as pessoas e cumprimentá-las. Chegou até a me obrigar a fazer isso com outras crianças.

Havia um parquinho perto da casa deles. Obviamente eu sempre queria ir lá brincar nos balanços e nos escorregadores. Se estivéssemos passando de carro e ele visse outras crianças usando algum desses brinquedos, imediatamente parava. "Vamos lá conhecê-las", dizia, apontando. E era o que a gente fazia. Conheci alguns dos meus amigos mais antigos desse jeito.

Minha mãe também me ensinou um monte de coisas legais, como boas maneiras, mas ela é mais tímida. Como meu avô é tão expansivo e simpático, todos sempre ficavam com uma boa impressão ao conhecê-lo, e isso me ensinou a importância de me esforçar para ser educado e amigável. Portanto, se algum dia um de vocês me encontrar e nós tivermos uma conversa agradável, é ao meu avô que devem agradecer.

Passei a infância cantando no carro e em casa. Na verdade, cantar é uma das coisas que eu mais gosto de fazer na vida. É uma sensação maravilhosa, sempre foi, mesmo na época em que eu não tinha ideia do que estava fazendo ou sabia se tinha talento pra isso. Cantar simplesmente me deixava feliz. Temos uma foto de família que tenho certeza de que minha mãe diria que é uma graça. Não faço ideia se realmente é. Quer dizer, não costumo olhar para minhas fotos de bebê e dizer: "Ah, olha que garotinho fofo!" Porém, acho que é uma foto legal porque mostra como tudo começou. Eu estou num palco improvisado (que, na verdade, não passa de um banquinho de plástico), na sala do vovô e da *mema*, cantando num microfone. Não lembro

que música era — isso foi há muito tempo. Mas essa foto serve para mostrar o quanto sempre adorei cantar e me apresentar — já fazia isso antes mesmo de me entender por gente.

Acho que minha mãe percebeu desde cedo que a música sempre foi muito importante para mim, porque tanto ela quanto o restante da família viviam me encorajando em tudo que dizia respeito a isso. Comecei a ter aulas de piano aos 6 anos. Mas a professora era rígida demais. Lembro-me de pensar: *Isso não é divertido. Não quero mais.* E então parei com as aulas.

Mesmo sem estar estudando nenhum instrumento específico, minha mãe e eu sempre cantávamos no carro. Ela sentada no banco da frente, dirigindo, e eu na cadeirinha, no assento de trás, os dois berrando a plenos pulmões. Minha mãe fez parte do coral na época do ensino médio, por isso acho que devo ter aprendido algumas coisas com ela desde o início.

Em geral, as músicas que cantávamos no carro eram country. Era o que tocava nas rádios e o que ela escutava em casa, então cresci ouvindo George Strait, Alan Jackson, Rascal Flatts, Garth Brooks, Kenny Chesney e Tim McGraw. A música de que eu mais gostava na época era uma de Alan Jackson — "Where I Come From" — provavelmente por causa da parte em que ele fala sobre pão de milho e frango, duas coisas que eu adorava. Eu tinha 5 anos, e adoro até hoje. Ele tinha uma voz particularmente anasalada, e a gente se divertia tentando imitá-lo, rindo da forma "country" como soávamos.

Bom, talvez vocês já saibam disso, mas o lugar onde mais gosto de cantar, mais do que qualquer outro, é no chuveiro. Tem alguma coisa na acústica do banheiro que faz com que o som seja ótimo. Mesmo agora, quando aqueço a voz com meu preparador vocal, gosto de fugir para o banheiro e ensaiar entre as fileiras de pias; tem algo fantástico no modo como minha voz ecoa nos azulejos. Na época, eu não estava me aquecendo para nada, mas cantava no chuveiro diariamente, sem sequer parar para pensar no assunto.

Eu estava com 7 anos quando, um dia, durante uma visita à casa de uma amiga de minha mãe em Orlando, comecei a cantar no chuveiro em espanhol, uma língua que não falo — mas que tem um som lindo, ainda que você não entenda o sentido das palavras. Minha mãe escutou aquilo e achou engraçado. Ela fez um vídeo da minha cabeça despontando pouco acima da cortina do chuveiro, na casa da amiga dela, berrando a plenos pulmões como se fosse uma estrela *tejana*. Esse é um vídeo que vocês jamais verão no YouTube.

Mesmo antes de começar a tocar qualquer instrumento, minha mãe costuma va me levar a uma loja de música em San Antonio, porque eu adorava o lugar Foi lá que passei por uma situação de amor à primeira vista. Eu tinha 7 anos, mas soube que era amor imediatamente.

No segundo em que entrei na loja, foi como se todo o resto desaparecesse e não houvesse mais ninguém na sala além de nós dois: eu e aquela belíssima... bateria. Assim que a vi, soube que ela precisava ser minha. Eu sabia que era pedir demais, principalmente porque meus avós tinham me dado minha primeira guitarra como presente de Natal no ano anterior — uma Ibanez verde-brilhante que eu nunca tocava. Tinha achado um presente muito legal, mas não me empolgou tanto. A bateria, porém, era perfeita, de um vermelho-cintilante, com todos aqueles pratos e o bumbo — não conseguia parar de pensar nela. Eu tinha uma bateria de brinquedo quando era bem pequeno, e adorava golpeá-la com as baquetas. Mas aquela era pra valer.

MESMO ANTES DE COMEÇAR A TOCAR QUALQUER INSTRUMENTO, MINHA MÃE COSTUMAVA ME LEVAR A UMA LOJA DE MÚSICA EM SAN ANTONIO, PORQUE EU ADORAVA O LUGAR.

Na manhã de Natal daquele ano, eu mal podia esperar para descer correndo até a árvore e ver se meu desejo tinha virado realidade. Praticamente voei pelo corredor. E lá estava ela: a bateria. Fiquei tão feliz. Esse foi o primeiro instrumento que realmente gostei de tocar, e tocava o tempo todo.

Minha primeira lembrança musical nítida é de tocar bateria na manhã de Natal. Eu mal acabara de desembrulhá-la; ela continuava praticamente sob a árvore, com todas as outras caixas e pilhas de papéis de presente amassados espalhados por todos os lados. Mas eu não podia esperar, e já estava sentado no banco com as baquetas em mãos. Foi uma sensação maravilhosa, como se eu estivesse em meu próprio mundinho, exatamente onde deveria estar. Mamãe, vovô e a *mema* foram minha primeira plateia; eles ficaram ali sentados, sorrindo, me apoiando, ainda que eu tenha certeza de que, naquele momento,

não estava fazendo nada além de barulho. Acho que eles apenas ficaram felizes em ver que eu estava me divertindo, e não ligaram para o fato de o som ser tão ruim.

Eu não sabia tocar nada naquela época. Apenas gostava de brincar e ver o que eu conseguia fazer. A primeira batida que aprendi foi a de "We Will Rock You". Vocês conhecem. *Doom doom dat. Doom doom dat.* Ainda lembro perfeitamente.

Depois do Natal, montei a bateria na sala de estar e tocava o tempo todo. Tenho certeza de que *isso* não era nada irritante. (Desculpe, mãe!)

Minha mãe arrumou um professor de bateria para mim por um ano, um sujeito careca muito legal que morava a alguns quarteirões da gente. Ele começou me ensinando o básico, porque eu era um garotinho e ainda estava começando, mas, à medida que fui aprendendo, as aulas ficaram mais elaboradas.

A primeira vez que me apresentei na frente de alguém que não fosse minha família foi no show de talentos do colégio, quanto eu tinha uns 9 ou 10 anos. Toquei um longo solo para a plateia. Na época, meu baterista predileto era Tommy Lee, do Mötley Crüe. Gostaria de dizer que incorporei o jeito de tocar dele, mas a verdade é que o mais importante foi que eu me diverti. Sei que isso soa cafona, mas é verdade! Me divirto com baterias, e até hoje adoro tocar.

Mesmo que eu tocasse bateria na maior parte do tempo, meus avós me incentivavam a praticar tocar guitarra. Afinal de contas, eles tinham comprado o instrumento para mim e nunca me viam usá-lo (pensando agora, acho que na verdade eles queriam que eu desse um tempo na bateria, o instrumento mais barulhento do mundo). Eu passava parte do verão na casa do lago dos meus avós, e eles tinham um vizinho que tocava guitarra e sempre pediam a

ACHO QUE, NO FUNDO, TODAS AS MÚSICAS SÃO IGUAIS. O OBJETIVO É PASSAR EMOÇÃO. E É ISSO QUE EU ADORO NA MÚSICA. NÃO GOSTARIA DE VIVER DE NENHUMA OUTRA FORMA.

ele para me ensinar algumas coisas. Ele nunca foi oficialmente meu professor, mas me ensinou o básico — apenas o suficiente para me divertir um pouco. Naquela época, porém, a bateria ainda era minha grande paixão.

Quando eu tinha 14 anos, minha mãe e eu decidimos fazer aulas de violão juntos. Ela sempre teve vontade de aprender a tocar, e sempre incentivou meu amor pela música, de modo que acabou me convencendo de que seria uma atividade divertida entre mãe e filho. Sei que talvez essa não seja a forma mais legal de aprender a tocar violão, mas o que posso dizer? Minha mãe é fantástica, e eu gosto de fazê-la feliz. Então, naquele ano, compramos mais um instrumento — meu primeiro violão. Comecei a tocar e nunca mais parei.

A ideia de ter aulas com a minha mãe não durou muito. Encontramos um professor de violão chamado Manny, e começamos dividindo uma hora de aula por semana. Mas aprendi tanto, em tão pouco tempo, que um mês depois passamos a ter meia hora de aula separados. No mês seguinte, ela me cedeu seu tempo. Desde então, minha mãe nunca mais teve aulas, mas eu fiquei imediatamente apaixonado por violão.

A primeira música que aprendi a tocar foi "More Than Words", do Extreme. Minha mãe nunca precisou me forçar a praticar. Eu tocava o tempo todo. Pouco depois, aos 15 anos, voltei a ter aulas de piano, mas dessa vez pra valer. Hoje em dia, toco um pouco de ukulele também, que ganhei como presente de agradecimento por minha participação no programa *Teen Hoot*. Você nunca sabe quando vai precisar tocar um pouquinho de ukulele.

A segunda música que aprendi a tocar no violão foi, sim, de um dos artistas mais famosos de San Antonio: George Strait. Sou do Texas, e o único estilo musical que as pessoas escutam lá é o country, portanto, ele está nas minhas raízes. De vez em quando até ouvia um pouco de Akon ou Ne-Yo, mas na maioria das vezes eram músicas country.

O primeiro show a que fui na vida, aos 10 anos, foi de Kenny Chesney, e talvez vocês não acreditem, mas não fui a nenhum outro até começar a me apresentar cinco anos depois. Talvez porque eu tenha me voltado para outros estilos logo em seguida e, como eu disse, no Texas só se escuta country, e por isso os artistas de que eu gostava não faziam muitas turnês por lá.

Eu estava com uns 12 ou 13 anos quando, um dia, durante uma saída com amigos, escutei T-Pain pela primeira vez. Na mesma hora pensei: *Nossa, cara, que música é essa? É diferente de tudo o que já ouvi. Adorei.* Nessa época, eu queria conhecer coisas novas, e comecei a escutar mais R&B e hip-hop. Comecei a ouvir Lil Wayne, Chris Brown, Drake e vários outros.

Na época, achava que o country e o R&B eram mundos completamente diferentes, mas agora que passo a maior parte do tempo cantando, compondo e pensando em música, vejo que são bastante similares. Antes que digam que estou louco, pensem no seguinte: na música country, os cantores apelam totalmente para a alma, de modo que é possível escutar a emoção na voz deles. Tudo o que eles falam vem do fundo do coração. Com o R&B é a mesma coisa. É como se cada nota, cada palavra, estivesse dizendo exatamente o que os cantores sentem. A diferença é que, na música country, o sentimento é, em geral, a respeito de um caminhão, enquanto no R&B é sobre uma garota. E, para mim, é muito mais legal cantar sobre garotas do que sobre caminhões.

Deixando as brincadeiras de lado, acho que, no fundo, todas as músicas são iguais. O objetivo é passar emoção. E é isso que eu adoro na música. Não gostaria de viver de nenhuma outra forma. Hoje em dia, adoro todos os tipos de música: rock, R&B, pop, country, hip-hop, jazz, clássica, texana... tudo.

Acho que sempre olhei à frente do que estava diante de mim. Eu queria escutar e tocar músicas que não eram comuns no Texas. Mais do que isso. Queria conhecer o mundo além da minha cidade natal. Minha família está espalhada por vários lugares. A família do meu pai é de Houston, e costumávamos visitá-los na época de Natal e durante o verão. (Ainda temos o hábito de ir duas vezes ao ano para visitar minha avó e a tia Robin. É quando tenho a oportunidade de ver meus primos Logan e Rylie.) Também temos parentes na Pensilvânia e na Flórida, que visitamos algumas vezes durante minha infância. Independente de para onde estivéssemos indo ou quanto tempo ficaríamos, sempre adorei viajar de avião e conhecer novos lugares.

Acho que sempre olhei à frente do que estava diante de mim.

Havia um lugar que eu realmente desejava conhecer mais do que qualquer outro: Nova York. Talvez fosse por ter passado tantos anos assistindo à parada de Ação de Graças da Macy's ou por saber que a cidade era uma fantástica mistura de música, cultura e gastronomia, mas o fato é que conhecer a cidade era meu maior desejo. Precisava ver tudo aquilo com meus próprios olhos um dia. Por fim, no verão de 2010, vovô me levou para uma viagem a Nova York, só nós dois.

A gente se divertiu à beça. Passeamos muito, visitando vários lugares. Comemos os clássicos cachorros-quentes de uma carrocinha de rua e vimos a Estátua da Liberdade. E, o melhor de tudo, passamos um tempo com um dos primos da minha mãe, Mac Demy. Ele é um músico de verdade, com um pequeno estúdio em seu apartamento e um álbum no iTunes. Imediatamente quis saber tudo sobre a carreira musical dele. Era como se um novo mundo se abrisse para mim, e eu queria descobrir uma maneira de entrar nele. Mac me aconselhou a compor algumas músicas e voltar para gravá-las no verão seguinte.

FEAR NONE

ERA COMO SE UM NOVO MUNDO SE ABRISSE PARA MIM, E EU QUERIA DESCOBRIR UMA MANEIRA DE ENTRAR NELE.

O tempo que passei lá foi energizante. Era o melhor lugar do mundo, e eu queria mais e mais.

— Adorei Nova York — falei para o vovô. — Quero voltar lá de novo.

Meu avô sorriu antes de dizer qualquer coisa. Era o sorriso que ele me dava quando tinha medo de me desapontar.

— Não vai ser fácil — respondeu ele. — É uma viagem cara. Talvez você não volte lá por um bom tempo.

Assenti e tentei digerir a notícia. Sabia que minha mãe batalhava muito para termos de tudo, e que o vovô e a *mema* também nos ajudavam. Mas sabia que em pouco tempo eu estaria trabalhando com alguma coisa. Estava determinado a voltar lá o mais rápido possível.

E, minha nossa, quando finalmente consegui, foi melhor do que eu poderia ter sonhado. Isto é o mais fantástico a respeito da minha família: mesmo quando algo parecia distante, quase impossível, eles sempre foram honestos

Gate
Puerta
C131
EXIT

59

em dizer que seria difícil, que demandaria muito trabalho, mas que eu jamais deveria abandonar um sonho. Por isso, agora que estou colhendo os louros, sinto que tudo isso é uma vitória tanto para eles quanto para mim. O que torna tudo o que aconteceu ainda melhor.

2. A RAPAZIADA

Durante a infância, nunca pensei muito a respeito de morar em San Antonio, se eu gostava de lá ou não. Era simplesmente o lugar onde eu vivia, e, portanto, era legal. Era onde estavam minha família, meus amigos e a loja de música que eu adorava, e isso era tudo de que precisava.

Mas, então, minha mãe se casou de novo, e, no verão antes de eu começar a sexta série, nos mudamos para uma pequena cidade chamada La Vernia, que fica a cerca de 45 minutos de San Antonio. Eu gostava da minha antiga escola, tinha muitos amigos lá, e estava nervoso com a mudança. Minha mãe, porém, ressaltou que eu acabaria indo de qualquer jeito para uma escola diferente da maioria dos meus amigos quando entrasse no ensino médio, e prometeu que continuaria me levando a San Antonio para as aulas de bateria e sempre que eu quisesse ver meus amigos. Além disso, ela realmente queria que eu tivesse uma experiência de vida no campo, e ficava repetindo o quanto seria fantástico. Gostava muito da casa que estávamos construindo em La Vernia, que era grande o suficiente para termos uma sala de música, onde colocamos o piano e minha bateria, e que ficava numa rua sem saída, onde eu podia andar de bicicleta e skate. Ela também contava com uma casa na árvore e um trampolim; por isso, quando nos mudamos, eu já estava bastante animado.

O engraçado de crescer no Texas é que as pessoas que não são de lá acham que a gente vai a cavalo para a escola e um monte de outras coisas estranhas, como se vivêssemos indo a rodeios diariamente, o que, é claro, não é verdade.

Pelo menos, era o que eu achava. Até que nos mudamos para La Vernia, que parece um cenário de uma música country. Tudo o que você vê nas ruas são caminhonetes, e todos usam calças jeans, botas e chapéus de cowboy, e andam com uma lata de tabaco no bolso de trás — não apenas em ocasiões especiais, mas todos os dias.

Talvez tenha sido porque eu já estava me apaixonando por hip-hop e R&B, enquanto todo mundo só escutava música country — em La Vernia, isso representa um estilo de vida —, ou talvez porque eu simplesmente seja diferente, mas desde o primeiro dia na nova escola, tive a sensação de que não me encaixava ali. E, com o passar do tempo, essa sensação não mudou.

Por sorte, naquele verão, minha mãe me inscreveu na escolinha de futebol americano Pop Warner. Começamos a treinar antes do início do ano letivo, de modo que conheci os garotos do meu time antes de quaisquer outros. Foi lá que conheci Robert Villanueva. Robert e eu nos demos bem de cara, o que foi muito legal, porque quando as aulas começaram, em setembro, eu já tinha pelo menos um amigo. E isso fez toda a diferença.

Vivemos em La Vernia por quatro anos e meio. No primeiro ano, nosso time disputou o campeonato nacional na Flórida, e ficamos em segundo lugar. Robert e eu passamos por essa experiência juntos, o que estreitou ainda mais nossa amizade. Eu jogava na defesa. Preferiria ter jogado como *wide receiver*,

GRIZZLIES
74
LVC

porque gosto de agarrar, mas, ainda assim, adorava jogar, e era fantástico estar num time tão bom. Passar por tudo aquilo com Robert — jogar a temporada inteira, ir para a Flórida com o time e, no fim, *perder* — significava que tínhamos algo em comum para levar para a vida.

No entanto, mesmo que já fôssemos amigos, a escola foi um momento difícil. Não sei quanto a vocês, mas, para mim, a sexta série foi terrível. Nenhum dos garotos gostava do mesmo estilo de música ou das mesmas roupas que eu. Para mim, não fazia diferença, mas para eles, sim.

Cheguei ao ponto em que ansiava pelas visitas ao vovô e a *mema*, não apenas porque gostava de estar com eles, mas também porque lá eu podia relaxar e não me preocupar se algum garoto estava me olhando de um jeito estranho

ou me xingando só porque eu gostava de usar tênis em vez de botas de cowboy. Eu fingia que não ligava para as piadinhas, mas é claro que ligava.

Pouco antes de a sétima série começar, fui visitar meus avós. Eles tinham se mudado para Dallas, onde ficariam durante dois anos por causa do trabalho do vovô. Os tênis mais descolados da época eram o Nike Shox. Eu queria um par havia muito tempo. E lá estavam eles, na loja de sapatos do shopping de Dallas, bem ali, na vitrine, e nas cores que eu desejava também: azul e prata. La Vernia não tinha lojas de sapatos daquele tipo, por isso eu nunca os tinha visto pessoalmente. Eles eram tão legais. O vovô e a *mema* já tinham passado para a vitrine seguinte, mas eu fiquei para trás, praticamente babando. Entrei na loja para vê-los melhor e os peguei na mão. Vovô me seguiu para ver com os próprios olhos.

— Preciso ter um desses — falei, ainda segurando um pé do sapato, incapaz de soltá-lo.

Ele olhou para o preço pregado na sola.

— Eles são muito caros — respondeu.

— Por favor — pedi.

Ficamos lá, encarando um ao outro e o tênis por um longo tempo, e achei que ele fosse ceder, pois ainda não tinha dito que não. Mas, então, ele negou. Meu coração foi parar nos pés, e devolvi o tênis para o mostruário. Eu não tinha o hábito de pedir muitas coisas, por isso torci para que ele percebesse o quanto eu precisava daqueles tênis.

— Deixe-me pensar no assunto — disse ele.

SABIA QUE HAVIA UM MUNDO INTEIRO LÁ FORA, COM PESSOAS E ESTILOS MUSICAIS DIFERENTES, E QUE, UM DIA, EU DEIXARIA AQUELA CIDADE PEQUENA E VIVERIA TUDO ISSO.

Demos mais uma volta pelo shopping, e tentei esquecer os tênis, mas não conseguia.

Já estávamos indo embora quando a *mema* se virou para o vovô e disse:

— Esta é uma viagem especial para o Austin, e aqueles tênis parecem ser realmente importantes para ele.

Fiquei quieto, mas me enchi de esperanças enquanto *mema* fazia uma pausa e olhava para mim. De repente, ela afirmou:

— Vamos voltar e comprar os tênis.

Valeu, mema*!*

Assim que os calcei, achei-os perfeitos e superlegais. A partir daí, começou a minha obsessão por tênis. Meus Shox foram um dos mais importantes itens de vestuário que eu já tive, mas por um motivo que, na época, eu ainda não entendia.

No primeiro dia de aula, estava animadíssimo para estrear meu novo Nike Shox. Não que eu esperasse que os outros fossem gostar deles.

Mas, naquele dia, enquanto jogava futebol, vi um garoto, Alex Constancio, que eu já conhecia de vista. Era uma escola pequena, mas nunca tínhamos conversado. Ele também estava usando um par de Nike Shox, só que vermelho e preto.

— Gostei do seu tênis — falei.

Baixamos os olhos para nossos pés, um de frente para o outro, e, em seguida, nos fitamos de volta.

— Também gostei do seu — disse Alex.

E foi assim que conheci um dos meus melhores amigos. Nunca deixe que ninguém lhe diga que sapatos não são importantes, porque eles são.

Alex e eu éramos diferentes dos outros, e todo mundo percebia, mas a gente não ligava. Por algum motivo, os adolescentes têm essa coisa de querer que todos sejam bacanas do mesmo jeito, e se você não for, eles não conseguem aceitar e resolvem implicar com você.

Na maior parte das vezes, eu tentava me manter afastado. Era como se Alex e eu fôssemos tão diferentes que eles não sabiam o que fazer com a gente. O que não era um problema para mim. Tudo o que eu queria era ficar na minha, escutando as músicas de que gostava, e passar um tempo com Alex, Robert e com o amigo de Robert, Zach Dorsey, que acabou também se tornando um amigo. No fim das contas, Alex e Zach já se conheciam desde o jardim de infância, e tinham sido muito próximos. Mas se afastaram com o tempo, como acontece com a gente de vez em quando. Na época do ensino médio, Robert e Zach ficaram muito amigos, e eu passava a maior parte do tempo com Alex, ou AC, como comecei a chamá-lo, o apelido pelo qual vocês talvez o conheçam. Mas como Robert e eu tínhamos sido muito amigos durante o ensino primário, nós quatro acabamos passando muito tempo juntos.

Quando isso aconteceu, e passamos a ser quatro em vez de apenas dois, foi como se tivéssemos criado um grupo unido, e o fato de sermos diferentes deixou de nos incomodar tanto. Estávamos nos divertindo muito para nos preocuparmos com o que os outros pensavam. Passávamos muito tempo jogando videogame ou basquete, ou andando de bicicleta e skate. Eu tinha também um carrinho de kart que nós usávamos para rodar pela vizinhança. A gente vivia rindo o tempo todo, o que, sem dúvida, é uma das melhores coisas que existe.

Não levava as atividades sociais da escola muito a sério. Minha forma de lidar com isso era a seguinte: dentro de sala, eu era um garoto quieto. Sentava no fundo da sala e observava todo mundo, mas não falava muito. Mas, por algum motivo, aqueles caras que gostam de ser populares nunca ficam contentes em deixar você ser do seu jeito.

Mesmo mais velho, alguns garotos continuavam implicando comigo pela minha forma de me vestir e por eu não ser obcecado por rodeios e música country como todos os demais.

O que posso tirar de bom dessa época é que consegui chegar a uma conclusão: ou eles estavam certos, ou eu. E eu sabia que eles não estavam. Sabia que havia um mundo inteiro lá fora, com pessoas e estilos musicais diferentes, e que, um dia, eu deixaria aquela cidade pequena e viveria tudo isso. E quando fizesse, não olharia para ninguém com ar de superioridade. Deixaria que todos fossem quem quisessem ser, sem me preocupar com isso. Estaria ocupado demais aproveitando minha própria vida.

3. SHOOT US DOWN

É incrível o que pode acontecer quando você está entediado. AC e eu passávamos muito tempo juntos. A gente entrava na internet para assistir vídeos de rappers de que gostávamos e coisa engraçadas que as pessoas postavam no YouTube, até que, no final da oitava série, decidimos criar nosso próprio canal do YouTube. Demos o nome de Lavender Koolaide, porque achamos que soava engraçado. Filmamos algumas cenas de nós dois fingindo lutar como ninjas e, no final, simplesmente brincando e jogando coisas um no outro. E foi isso: nosso primeiro vídeo. Até eu tenho que admitir que foi algo bem aleatório. Acho que tivemos umas cinco visualizações. Decidimos, então, fazer uma segunda versão de nossa lutinha, e essa teve uma repercussão bem melhor: dez visualizações. Um progresso.

Os primeiros vídeos foram quase todos assim, e fizemos vários. Sempre fazendo alguma coisa idiota: vídeos da gente dançando ao som de algumas músicas, o que sempre terminava com um dos dois fingindo socar o outro ou derrubando-o no chão; de AC andando de motocross; dele montando um cubo mágico (em um minuto e cinco segundos — ele é bom). Não me sinto constrangido pelas coisas idiotas que fiz diante da câmera, mas também não acho a pior coisa do mundo o fato de alguns desses vídeos iniciais terem se perdido. Na verdade, nós mesmos tiramos alguns porque eram ruins demais. Ninguém realmente acompanhava nossos vídeos, mas era divertido.

Aquele foi o verão da minha viagem a Nova York e, depois que voltei, ficava pensando sem parar no tempo em que tinha passado lá com Mac. E também em como seria legal compor músicas e depois gravá-las com ele algum dia. Mas "algum dia" parecia algo muito distante, e eu tinha vontade de fazer algo já.

Em julho, AC e eu decidimos tratar nossos vídeos no YouTube com mais seriedade. Em 10 de julho de 2010, lançamos um canal que realmente fez sucesso, o *Shoot Us Down*. Demos esse nome em homenagem a uma música de Lil Wayne de que gostávamos: "Shoot Me Down". Só mudamos para "Shoot US Down" porque éramos dois. Continuamos produzindo vídeos aleatórios — cenas curtas da gente fingindo lutar ou simplesmente fazendo palhaçadas.

Até que, um dia, decidi que iria cantar no nosso próximo vídeo. Mesmo que eu já tivesse interesse em um dia entrar para o mundo da música, como Mac, não me considerava um cantor nem nada do gênero. Apenas me pareceu uma ideia legal.

"Just the way you are" Bruno Mars Cover - 14 yr old Austin Mahone

Estávamos sentados diante da câmera do computador de AC, no quarto dele, e eu comecei a cantar "With You", do Chris Brown, enquanto AC apenas movia os lábios como se estivesse me acompanhando. Ele estava encarregado do vídeo, motivo pelo qual ficava saindo do quadro — ele estava tentando gravar ao mesmo tempo. Esse vídeo acabou se saindo melhor do que os outros, o que chamou nossa atenção.

Não que esperássemos conseguir alguma coisa com aqueles vídeos, mas decidimos ver quantos inscritos conseguiríamos para o nosso canal, só por diversão. Conversamos com outras pessoas que tinham canais no YouTube, e elas nos disseram que a melhor maneira de aumentar o número de inscritos era postando novos vídeos com frequência. Foi o que fizemos, e acabamos fazendo vários outros vídeos de música. Eles eram fáceis e divertidos, e tinham uma boa resposta do público. Além do mais, eu adorava cantar.

Aos poucos, ficamos mais disciplinados. Criamos uma regra: tínhamos que postar um vídeo novo a cada semana. Além disso, agora que estávamos tentando melhorá-los e atrair mais pessoas, AC e eu começamos a pensar em outras maneiras de conseguir mais visualizações. Num fim de semana, na minha casa, tivemos algumas ideias.

Imprimimos mil panfletos promovendo o canal *Shoot Us Down* e fomos até a cozinha perguntar à minha mãe se ela poderia nos levar ao shopping.

Ela sempre se mostrara disposta a me levar até San Antonio, tal como havia prometido quando nos mudamos para La Vernia e eu tinha ficado com medo de perder as aulas de bateria e não ver mais meus amigos. Por isso, é claro que ela concordou. AC e eu nos sentamos no banco traseiro do carro com uma pilha enorme de panfletos. Minha mãe nos levou até o shopping North Star, em San Antonio, que sabíamos ser o local onde a garotada gostava de se encontrar. Ela nos deixou lá e disse que nos pegaria em algumas horas.

Encontramos uma mesa vazia na praça de alimentação e deixamos alguns panfletos, que não eram nada sofisticados, apenas algo para divulgar nossos nomes: um papel branco com as palavras SHOOT US DOWN em letra de forma grande preta, uma foto nossa e o endereço do nosso canal no YouTube. Deixamos outros em lojas e alguns até no chão — em qualquer lugar onde as pessoas pudessem pegá-los. Rimos o tempo inteiro, zoando um ao outro, pois não tínhamos ideia se aqueles panfletos surtiriam algum efeito ou se estávamos apenas perdendo tempo. Pelo menos, estávamos *tentando* alguma coisa.

Na segunda-feira depois da aula, já na casa de AC, entramos no nosso canal, como fazíamos diariamente. Só que dessa vez a página parecia um pouco diferente. Havia uma série de novos comentários.

“Vi o seu panfleto no shopping. Gostei dos vídeos.”

“Encontrei seu panfleto. Vídeos legais.”

Olhamos um para o outro e começamos a rir.

— Legal. Deu certo — falei.

Depois disso, passamos a ir ao shopping quase todos os fins de semana, quando minha mãe podia nos levar. Sempre tivéramos vontade de passear por lá, pois não havia nada para fazer em La Vernia, mas agora era diferente. Agora parecia que estávamos realmente fazendo alguma coisa.

Até que percebemos uma mudança no shopping.

Era uma tarde de sábado e estávamos lá. De repente, notamos um grupo de garotas nos seguindo, mantendo uma pequena distância, mas nitidamente falando sobre a gente. Não as reconhecemos da escola, de modo que achamos que elas tivessem nos confundido com outros rapazes que conheciam. Diminuímos o passo; por fim, elas se aproximaram. Uma delas deu um passo à frente e o restante riu, como se estivessem nervosas.

— Vocês são aqueles caras do YouTube que postam vídeos hilários — disse a garota.

A princípio, achei que ela estivesse falando dos vídeos de música, chamando meu jeito de cantar de hilário, ou seja, ruim, mas então percebi que era um elogio, portanto, ela devia estar se referindo aos outros, àqueles em que ficávamos fazendo palhaçadas e nos divertindo.

AC e eu nos entreolhamos. Tínhamos acabado de conhecer alguém que gostava do que a gente fazia!

— Obrigado por assistir — falei, tentando ser simpático.

Foi então que a ficha caiu. A gente tinha fãs. E eles não nos achavam apenas engraçados. Pelos comentários postados nos vídeos de música, dava para ver que eles realmente gostavam de me ver cantar. Não muito tempo depois, me peguei pensando em como alguns artistas tinham apelidos para seus fãs, como, por exemplo, os do Justin Bieber eram Beliebers, e os da Kate Perry, KatyCats. Foi então que me ocorreu. Se algum dia eu tivesse vários fãs, eles seriam os Mahomies — vocês sabem, uma mistura do meu nome, Mahone, com meus amigos, *homies*, "meus *homies*". Não achava que algum dia teria fãs de verdade, mas, bem, pelo menos havia aquelas garotas do shopping. Talvez elas pudessem se tornar Mahomies. AC e eu fazíamos um monte de piadas sobre ter fãs. Porque quem realmente acha que isso um dia irá acontecer?

No fim de outubro, gravamos nosso primeiro clipe "de verdade", uma versão de "Waiting on the World to Change", do John Mayer. Eu sempre queria que o som ficasse bom, por isso dava o melhor de mim. No entanto, não nos preocupávamos se os vídeos pareciam profissionais ou não. Mas nos esforçamos mais naquele. Fiz uma pré-gravação dos vocais e, então, pedimos a Cameron — um dos outros caras com quem costumávamos andar além de Robert e Zach — que nos filmasse em preto e branco, andando por La Vernia. Durante a ponte da música, eu "tocava" guitarra (usando óculos escuros, é claro), enquanto AC "tocava" teclado. Também fizemos uma cena dançando no quarto dele. Foi divertido.

Em pouco tempo, quase metade dos vídeos que postávamos eram de mim cantando, enquanto os outros continuavam sendo vídeos aleatórios da gente. Os de canções tinham um retorno melhor, definitivamente, mas ainda não levávamos nenhum deles a sério, pelo menos não a princípio. Eu cantava e AC ficava no fundo em algum lugar, porque até então ele sempre aparecia nos vídeos comigo.

A primeira música que gravei sozinho no YouTube, para poder me concentrar um pouco mais na interpretação em si, foi "Beautiful Soul", de Jesse McCartney. Assim que AC ligou a câmera e a música começou, tive uma ideia: eu acabara de conhecer uma garota bonita na praia, Selena, e saquei que seria uma forma de impressioná-la.

— Este é para você, Selena — disse eu.

E então cantei como se estivesse cantando direto para ela. Não sei se Selena algum dia viu o vídeo — sem dúvida não me fez conseguir um encontro com ela, como eu esperava. Mas comecei a fazer isso em todos os vídeos. Gostava da sensação de cantar direto para alguém — e, no mínimo, era uma boa forma de impressionar as garotas. Às vezes, a garota que eu mencionava assistia, mesmo que mais ninguém assistisse.

Comecei a fazer várias versões *a capella*. Estava tendo aulas de guitarra naquele outono, e decidi tocar nos vídeos também; algum tempo depois, incluí o piano. Quanto mais vídeos postávamos, mais popular o canal ia se tornando, e mais inscritos conseguíamos.

Em pouco tempo, a mudança não era perceptível apenas no shopping. Uma semana depois de postarmos um vídeo, vimos que ele estava com vinte visualizações. Na semana seguinte, cem. E, depois, mil. De repente, duas mil. Foi muito louco. Eu nunca imaginei que nossos vídeos me fariam correr o mundo, cantando para as pessoas. Então, quando tudo isso começou a me levar para o lugar onde me encontro agora, não conseguia acreditar na velocidade com que AC e eu tínhamos passado de simples postagens da gente fazendo palhaçadas para vídeos com milhares de visualizações.

Infelizmente, não foram só meus novos fãs que me viram cantando no YouTube. O pessoal do colégio também ficou sabendo, e não se impressionaram. Não que isso tenha sido um choque, mas era irritante. Sempre que eu chegava na escola, alguém fazia uma piadinha. Não entendia por que eles davam tanta importância a isso — jamais lhes pedira para assistir nossos vídeos. Ainda mais sabendo que eles não gostavam.

Era difícil não me deixar abalar, mas dei o melhor de mim para ignorá-los. A escola era só isso, escola, e depois das aulas eu voltava para casa ou ia para a do AC criar novos vídeos ou simplesmente ficar na internet. A gente verificava o número cada vez maior de comentários que estava recebendo e interagia com alguns de nossos novos fãs, o que era muito legal.

Então, em novembro de 2010, a cidade de La Vernia organizou seu primeiro show de talentos anual. Eu vinha praticando muito, e decidi arriscar. Falei para minha mãe que queria me inscrever. Como sempre, ela me deu total apoio. Assim como meu professor de violão, Manny, que se dispôs a me preparar para o teste. Eu treinava o tempo todo. Quando chegou o momento da audição, fui escolhido.

Alguns dias antes do show, participei de uma festa no colégio que também incluía um show de talentos. Eu queria muito cantar naquele show também. Sabia que tinha chance de vencer. Então pensei na maneira como alguns dos alunos viviam implicando comigo, e imaginei se eles me zoariam ainda mais. Talvez sim, mas pensei: *E daí?*

Chegar a essa conclusão foi incrível. Mesmo assim, fiquei muito nervoso enquanto esperava minha vez. Por fim, um dos professores chamou o meu nome. Eu nunca tinha cantado ao vivo na frente de ninguém, mas fui até o meio da quadra do ginásio, peguei o microfone e comecei a cantar uma versão de "I'll Be", de Edwin McCain.

A música me envolveu, e me entreguei totalmente, do modo como fazia na frente da câmera. Algumas garotas gritaram. Outras decidiram me acompanhar. Algo parece vibrar no ar quando a plateia se envolve com a música — como artista, você sempre consegue reconhecer o momento —, e foi isso o que aconteceu no ginásio. Ao terminar, todas as garotas gritaram bem alto, animadas.

É claro que nem todo mundo gostou da minha apresentação — um garoto fez questão de me dizer isso —, mas não dei a mínima. Eu havia me divertido e, adivinhem só... *venci.*

Mas pensei:
E daí?

Chegar
a essa
conclusão
foi incrível.

AS PESSOAS VÃO FALAR A SEU RESPEITO, PENSEI. ALGUMAS VÃO ZOMBAR DE VOCÊ, NÃO IMPORTA O QUE VOCÊ FAÇA. ENTÃO, FAÇA O QUE DESEJA E APROVEITE.

O show de talentos da cidade estava marcado para aquele fim de semana. Para essa apresentação, resolvi levar o violão. Eu tinha acabado de cantar na frente de uma multidão pela primeira vez no show da escola, e agora estava prestes a encarar outra primeira vez, já que nunca tocara *e* cantara no palco ao mesmo tempo. Mas não fiquei nervoso. Estava empolgado, louco para subir no palco e mostrar o que eu podia fazer. Aquela plateia era muito menor e muito mais simpática; não tinha com o que me preocupar.

No total, seriam mais de 15 apresentações, e eu era o último, por isso, a espera pareceu durar uma eternidade. Quando enfim chegou a minha vez, subi no palco, sentei num banquinho, comecei a dedilhar o violão e mandei ver. Cantei "So Sick", do Ne-Yo. Não apenas venci o show de talentos como me senti, finalmente, um verdadeiro cantor. Não estava mais apenas cantando no quarto do AC. Havia uma plateia diante de mim, e eles estavam aplaudindo. Foi uma sensação maravilhosa, e percebi, de cara, que queria experimentá-la de novo.

Eu tinha começado tudo aquilo de brincadeira, mas acabara conquistando um número enorme de visualizações — milhares e milhares para cada vídeo —

e estava recebendo um monte de comentários e feedbacks. A coisa estava começando a ficar séria. Queria levar tudo aquilo o mais longe possível e ver até onde conseguiria chegar.

Quando percebi que nosso canal estava crescendo bastante e que as pessoas pareciam gostar das minhas interpretações, decidi criar outro canal separado só para mim, para compartilhar meus covers e me concentrar totalmente na música. Conversei com AC para ter certeza de que ele não ficaria chateado e para que soubesse que, ainda que eu estivesse fazendo algo um pouco diferente, continuávamos juntos no mesmo barco. AC é um amigo maravilhoso. Ele havia percebido como as coisas estavam se desenvolvendo e me deu total apoio. Todos deveriam ter a sorte de ter um amigo como ele. Mesmo naquela época, eu sabia que tinha sorte por ter não só AC, mas também Robert e Zach.

Houve dias difíceis na escola. Algumas pessoas continuavam zombando de mim por causa dos vídeos. Tentei me apegar ao feedback positivo, mas às vezes era impossível não me deixar afetar pelos comentários negativos. *Talvez eles estejam certos*, pensei, ao escutar alguns garotos falando mal de mim. *Talvez eu seja idiota por me expor no YouTube.* Mas, por sorte, alguma coisa dentro de mim se recusava a acreditar nisso. *As pessoas vão falar a seu respeito*, pensei. *Algumas vão zombar de você, não importa o que você faça. Então, faça o que deseja e aproveite.*

E foi o que eu fiz.

4. PLAYLIST LIVE

Embora eu já estivesse começando a entender como o YouTube funcionava e a descobrir a melhor maneira de gravar um vídeo, ainda tinha muito a aprender. Basta ver o primeiro vídeo que fiz para o meu novo canal, *Austin Mahone*, um cover de "With You", do Chris Brown, que publiquei em 14 de janeiro de 2011. Minha mãe o filmou em nossa casa em La Vernia. Eu já havia postado uma boa quantidade de vídeos, e vivíamos tentando encontrar novos cenários e outras formas de deixá-los interessantes. Para esse, decidimos que eu deveria atravessar o corredor de nossa casa enquanto cantava.

Colocamos a música para tocar no aparelho de som da sala de estar, minha mãe ligou a câmera e eu comecei a cantar enquanto andava pelo corredor. À medida que me afastava da sala, a música ficava mais distante e, portanto, mais baixa. Não soava nada bem. Minha mãe parou de filmar e tentamos de novo. E de novo. E de novo. Por fim, filmamos em partes, aumentando o som à medida que eu me afastava dele, e depois editamos as várias partes para montar a música inteira. Era assim que acontecia quando minha mãe e eu realizávamos todas as funções

AUSTIN
MAHONE
0:04 / 2:02

AUSTIN
MAHONE
0:22 / 2:02

AUSTIN
MAHONE
1:40 / 2:02

ao mesmo tempo — artista, diretor, câmera e som. Pelo menos, tentávamos dar nosso melhor.

Não tenho o hábito de sentar e assistir a esses vídeos antigos, embora seja engraçado quando faço isso; é como voltar no tempo — lá estou eu, de aparelho nos dentes, com o colar de conchinhas que não tirava do pescoço, em nossa casa em La Vernia, já com metade das nossas coisas empacotadas. O quarto que vocês veem como pano de fundo é nossa sala de música, onde ficava minha bateria. A essa altura, porém, ela já tinha sido colocada num depósito. Minha mãe e meu padrasto estavam se divorciando, e nós nos preparávamos para vender a casa e voltar para San Antonio.

AC e eu ainda nos divertíamos fazendo vídeos idiotas para meu novo canal. O primeiro que postamos foi em fevereiro de 2011, com o título "Potato and Radish", que continua on-line. Termina comigo e AC fazendo um coração com as mãos, algo que depois achamos que ficou mais parecido com um legume do que com um símbolo de amor. Isso ainda me faz rir.

Era difícil acreditar que a gente tinha começado tudo aquilo havia apenas seis meses. Minha vida estava mudando RÁPIDO, embora não fizesse ideia de como — nem de quão rapidamente — as coisas continuariam a mudar. À medida que o ano de 2011 prosseguia, e eu passava cada vez mais tempo no canal do YouTube, percebi que tinha conquistado Mahomies. Observava meu público crescer a cada dia, e queria que ele aumentasse ainda mais, por isso resolvi melhorar minha abordagem.

Eu já vinha postando um monte de covers e, de repente, me dei conta de que, se postasse o cover de uma música bem cotada no iTunes, muitas pessoas iriam procurar por ela no YouTube. Enquanto estivessem procurando pela música, talvez meu vídeo aparecesse também, juntamente com a versão original. Cheguei à conclusão de que quanto mais covers, mais visualizações eu conseguiria. E foi o que fiz.

Quando comecei meu próprio canal, minha mãe passou a participar muito mais. Eu queria que os vídeos parecessem mais profissionais (pelo menos para mim), de modo que passamos a nos preocupar com a iluminação e a pensar em qual seria o melhor lugar e ângulo para gravar.

Eu geralmente ensaiava umas duas vezes antes de gravar — para memorizar a letra e os passos —, mas era só isso. Embora nunca tivesse sido um aluno brilhante, por algum motivo tinha facilidade em decorar letras. Bastava ouvir a música uma vez que ela nunca mais saía da minha cabeça. Desse modo, não levei muito tempo para dar minha própria interpretação às músicas que gravava.

Não que a gente não tenha cometido um monte de erros. Certa vez, minha mãe ligou a câmera e comecei a cantar, até que percebi que a câmera estava tremendo. *Qual era o problema?* Tentei manter o foco e não esquecer o verso seguinte, mas tive que olhar para ela para ver o que estava acontecendo. Ela estava rindo, e não conseguia parar.

— Mãe, pare com isso — pedi.

Ela continuou filmando, balançando a cabeça como se estivesse tentando se controlar.

"With You" Chris Brown cover - 14 yr old Austin Mahone with lyrics

— Mãe, *pare* — pedi de novo.

Por fim, ela parou de filmar e conteve o riso. Mas, então, bastou ligar a câmera de novo para voltar a rir ainda mais.

— Sinto muito — disse ela, balançando a cabeça. — É que você está tão sério.

É claro que eu estava sério! Estávamos fazendo um vídeo novo, e eu queria que ele ficasse bom.

— Mãe — falei.

— Desculpe, você está ótimo. Vamos tentar de novo.

Levamos mais cinco ou seis tentativas para ela finalmente conseguir se controlar e parar de rir.

No fim das contas, tentamos um monte de coisas diferentes. Fizemos alguns vídeos em preto e branco para mudar um pouco. E talvez eu estivesse sério em vários deles, mas foi tudo muito legal.

Parecia que estávamos chegando ao auge, a julgar pelo número de visualizações e inscritos, mas eu não fazia ideia do que isso significaria para mim — se é que viria a significar alguma coisa.

Eu estava começando a pensar em mim mesmo como um cantor. As pessoas que assistiam aos vídeos me tratavam como um. Não diziam apenas que tinham gostado da minha interpretação. Elas também sugeriam músicas e me davam dicas de como usar a voz, tentando ajudar. Era muito legal. Percebi que alguma coisa estava acontecendo. *Talvez eu consiga levar isso adiante*, pensei. Então, mergulhei de cabeça, sabendo que, se trabalhasse duro, se praticasse bastante, iria melhorar cada vez mais.

Por mais incrível que possa parecer, não fui o único a pensar assim. Pouco tempo depois de lançar meu próprio canal de música, ficou claro que várias pessoas estavam interessadas no que eu andava fazendo, e que devia oferecer a elas uma forma de se conectarem comigo diretamente. Então minha mãe e eu alugamos uma caixa postal para receber correspondências dos fãs, e eu divulguei o endereço num dos vídeos do YouTube. Foi muito louco encontrar aquele primeiro envelope endereçado a mim, numa caligrafia definitivamente feminina: minha primeira carta de uma fã (claro que fizemos um vídeo comigo abrindo a carta). Pouco depois, comecei a receber uma variedade de coisas fantásticas — bichos de pelúcia, cartazes escritos à mão, cartas. Eu pendurava tudo no quarto. Garotas que eu nunca tinha visto se davam ao trabalho de escrever para mim pelo simples fato de gostarem da minha música. Era uma sensação inacreditável.

Até que, naquele inverno, não muito tempo depois de ter lançado meu canal, minha mãe recebeu um e-mail que mudou tudo.

Aconteceu o seguinte: quando comecei meu próprio canal, AC sugeriu que eu entrasse no que a gente tinha criado juntos e dissesse aos nossos inscritos

que entrassem no novo. Isso fez com que meu novo canal se tornasse o número um em crescimento naquele mês.

Mais ou menos na mesma época, uma empresa estava lançando uma nova convenção chamada Playlist Live para exibir artistas do YouTube com canais de crescimento rápido. Eles haviam reparado em mim e entraram em contato com a minha mãe para perguntar se eu gostaria de participar. Mesmo já tendo em torno de vinte ou trinta mil inscritos no YouTube e cerca de dez mil seguidores no Twitter, não achava que alguém tivesse notado. A Playlist Live nos ajudou a criar nosso primeiro produto — uma camiseta com uma foto minha. Vender camisetas com minha cara estampada foi definitivamente estranho, mas, ao mesmo tempo, muito legal.

Tudo bem, sei que cinquenta pessoas não é muito. Mas pensem em como eu havia começado.

A convenção aconteceu em março de 2011. Minha mãe, AC e eu fomos para Orlando, na Flórida, participar. De repente, após meses de vídeos feitos no quarto de AC e em praticamente todos os cômodos da minha casa, me vi entre as maiores estrelas do YouTube. Lá estava eu: Austin, de La Vernia, Texas, com meu pequeno canal no YouTube. Para ser franco, foi estranho estar lá com pessoas que tinham MILHÕES de fãs, quando a maioria não fazia ideia de quem eu era. Além disso, eu nunca tinha me apresentado ao vivo antes, exceto naqueles shows de talentos locais.

Sempre digo que não fico nervoso, no entanto, preciso admitir que estava um pouco ansioso no dia. Iria cantar num palco GRANDE pela primeira vez na vida, e não tinha sequer um set list. Tudo o que eu tinha era meu iPhone com os covers que pretendia cantar. O cara responsável pelo som simplesmente plugou meu telefone na mesa e pronto, foi isso.

Eu estava nos bastidores, andando de um lado para o outro, repassando as canções mentalmente, tentando memorizar todos os detalhes que não queria esquecer — não apenas as letras, mas os movimentos certos para cada parte da música. De repente, anunciaram meu nome:

— AUSTIN MAHONE.

Apertei o play, a música começou e foi então que meus nervos entraram em colapso, algo do tipo: *Agora não dá mais para voltar atrás*. Então, fui em frente e subi no palco, mais tenso do que uma corda de violão retesada.

Sabia que havia centenas de pessoas no evento, andando de um lado para o outro, mas não sabia se alguma delas se daria ao trabalho de me assistir. No entanto, assim que me vi no palco, percebi que havia cerca de cinquenta garotas paradas bem ali na frente, esperando para me ver cantar. Lembro de pensar: *Isso é muito legal.*

Tudo bem, sei que cinquenta pessoas não é muito. Mas pensem em como eu havia começado. Ali estavam cinquenta adolescentes que tinham pedido aos pais para as levarem até lá só para me ver. Constatar isso foi ótimo. De repente, eu não estava mais nervoso. Senti como se pertencesse àquele lugar, e me diverti muito interpretando minhas músicas prediletas na época: "With You", "I'll Be" e "Beautiful Soul".

Aquele fim de semana inteiro foi maravilhoso. Foi a primeira vez que encontrei com fãs — exceto por aquelas garotas no shopping de San Antonio alguns meses antes. É uma sensação muito louca descobrir que as pessoas querem tirar fotos com você. Estava acostumado com os garotos da escola me zoando por conta das músicas que eu cantava. Esse era um mundo totalmente novo, em todos os aspectos. Ainda mantenho contato com alguns desses primeiros fãs via Twitter, ou os encontro acidentalmente de vez em quando, o que me faz pensar nessa época. Não os esqueci, e gosto muito deles. Quer dizer, eles foram as primeiras pessoas que acreditaram em mim (com exceção da minha mãe, da minha família e dos meus amigos, é claro), e sempre lhes serei grato por isso.

Para melhorar ainda mais, conheci alguns artistas do YouTube muito legais. Pessoas que tinham uma carreira de verdade, que viajavam pelo mundo tocando para seus fãs. Passamos um tempo juntos, o que me fez sentir que essa poderia vir a ser a minha vida num futuro não muito distante. A convenção aconteceu num hotel grande, cheio de garotos da minha idade correndo de um lado para o outro e se divertindo. AC e eu estávamos juntos, como tínhamos estado desde o começo, nos divertindo também.

Depois disso, as coisas começaram a acontecer bem rápido. A escola continuava não sendo um lugar muito legal, mas já parecia uma parte menor da minha vida se comparada com todas as outras coisas fantásticas que estavam acontecendo. A Playlist Live mudou tudo, pois minha mãe e eu nos demos conta de que eu tinha fãs de verdade e que eles queriam uma oportunidade de entrar em contato comigo, da maneira que fosse.

Comecei a oferecer aos fãs a oportunidade de conversarem comigo via Skype. Isso foi legal, porque tive a chance de vê-los "cara a cara" e cantar suas músicas prediletas, ou, pelo menos, conversar com eles. Algumas garotas ficavam tão nervosas que não conseguiam falar, por isso eu simplesmente cantava para elas. Às vezes, elas choravam. Aquilo realmente me comovia; parecia muito importante para elas passar um tempo comigo, e para mim também era. Tentava, então, fazer com que a experiência fosse divertida.

A essa altura, eu estava me esforçando bastante para ser um cantor, só que não era tão bom quanto gostaria. Tentando melhorar, comecei a ter aulas via Skype com uma preparadora vocal que tinha descoberto em outra cidade. Ela me deu alguns toques básicos para começar a me desenvolver.

Por isso, mesmo que nem tudo fosse perfeito em La Vernia, me concentrei nas coisas que estavam dando certo em minha vida — a música, o canal do YouTube, minha família, AC e os outros amigos. A música tem uma característica fantástica. Ela faz com que a gente esqueça todo o resto enquanto se está cantando.

I ♥
MA
HOMIES

austinmahone

5. TUDO EM CIMA

Por vários motivos, minha mãe e eu ficamos aliviados quando ela vendeu nossa casa em La Vernia, no verão de 2011. A gente estava se preparando para voltar para San Antonio; muitas mudanças estavam ocorrendo, e ela se sentou comigo para conversar a respeito. Esta é uma das melhores qualidades da minha mãe — ela conversa sobre tudo comigo. Dou muito valor a isso.

— Se eu tiver um trabalho em tempo integral, não vou poder viajar tanto quanto será necessário para você desenvolver sua carreira — comentou ela.

Simplesmente a encarei, sem saber ao certo onde ela pretendia chegar com aquilo.

— Tudo isso é tão recente que ainda não tenho um plano definido — acrescentou.

Concordei. A sensação era de que tudo estava acontecendo realmente muito rápido.

— Não sei como vai ser daqui pra frente — continuou minha mãe. — Mas estou pensando em largar meu emprego.

Eu entendia o sacrifício que minha mãe e meus avós estavam fazendo por mim, e me sentia muito sortudo por tê-los em minha vida.

Inacreditável. Minha mãe depositava tanta confiança em mim que estava pensando em largar o emprego numa ótima empresa na qual trabalhava havia anos só para poder viajar comigo e ser, basicamente, minha empresária.

— Obrigado, mãe — agradeci do fundo do coração.

Os únicos que sabiam que eu estava de mudança eram os rapazes — AC, Robert, Zach e nosso outro amigo Cameron —, e já tínhamos feito um pacto de nos visitar com frequência.

O verão inteiro foi uma loucura: treinando canto, fazendo novos vídeos, conversando via Skype com os fãs e viajando para shows. Além disso, após a Playlist Live, minha loja on-line começou a deslanchar. Eu não poderia estar mais feliz; estava fazendo o que amava e conseguindo um número de fãs cada vez maior.

Nossa família foi fantástica, nos deu total apoio. Vovô e *mema* deixaram que a gente voltasse para a casa deles, para que minha mãe não precisasse se preocupar em pagar uma hipoteca ou um aluguel e que pudéssemos diminuir ao máximo nossas despesas. A casa deles era legal, mas um pouco apertada com todo mundo morando ali. Minha mãe e eu guardávamos nossas roupas em cestos de plástico porque não tínhamos muito espaço. Eu entendia o sacrifício que minha mãe e meus avós estavam fazendo por mim, e me sentia muito sortudo por tê-los em minha vida.

Ainda assim, não estava muito animado para começar o ensino médio na Johnson High School, em San Antonio. Eu seria mais uma vez o garoto novo.

E não estava nem um pouco preparado para o que aconteceu quando cheguei à minha nova escola.

No meu primeiro dia, escutei algumas pessoas falando de mim pelos corredores, dizendo coisas como: "Olha lá, temos um aluno novo."

Preferia que eles tivessem apenas me ignorado completamente, mas, pelo menos, aquilo não era tão ruim. E então, no dia seguinte, as conversas foram diferentes.

"Aquele é o garoto do YouTube."

"É o tal do Austin."

Tentei ignorá-los e continuei andando, mas um deles se meteu na minha frente.

— Você não é o garoto do YouTube? — perguntou ele. — O que canta? — A pergunta, porém, não foi feita num tom bacana.

— É, sou eu — respondi, e continuei seguindo para a sala de aula.

Mais tarde, naquele mesmo dia, peguei uma garota na aula de matemática tirando fotos minhas com o celular. Foi muito estranho. Tentei me concentrar no que o professor estava dizendo, mas me senti constrangido, o que fez com

que fosse difícil manter o foco. Pouco depois, vi que a garota tinha postado a foto no Twitter. Ainda que eu jamais tivesse sido um garoto muito estudioso, o que me passou pela cabeça foi algo mais ou menos assim: *Cara, fica realmente difícil me concentrar com tudo isso acontecendo. Não consigo aprender nada.*

Já no dia seguinte, duas garotas me puxaram para fora de sala querendo me entrevistar para uma matéria do jornalzinho da escola. Eu não era somente o garoto novo, mas alguém que todo mundo parecia já conhecer e ter uma opinião formada a respeito.

Só durei duas semanas.

Decidi que queria terminar o ensino médio estudando em casa. Não ligava para jogos de futebol. Nem para o baile de formatura. O que eu gostava de fazer era cantar e queria me concentrar nisso. Sei que a educação é importante, mas sentia que estudar em casa me daria mais flexibilidade para me concentrar na música. Sabia muito bem o que queria para a minha vida.

Claro que essa foi uma grande decisão. Minha mãe chorou durante semanas, preocupada se eu teria ou não a disciplina de fazer todo o trabalho sozinho e se ela conseguiria ter a dedicação necessária para ser minha professora. No fim, nos sentamos mais uma vez para outra conversa séria.

— Estou muito preocupada com essa decisão — confessou ela. — Mas sei que é a coisa certa a fazer.

— Vai dar tudo certo, mãe — respondi. — Vai ser ótimo.

EU SÓ TINHA 15 ANOS, MAS AQUELE ERA O MEU SONHO, E SABIA QUE PRECISAVA CORRER ATRÁS DELE.

3200

— Você sabe que estudar em casa não é fácil — retrucou. — É preciso muita disciplina e concentração.

— Eu sei, mãe. Prometo que vou dar o melhor de mim.

Certo. Tenho que admitir — é mais fácil falar do que fazer. Em minha defesa, preciso dizer que é difícil manter a disciplina e o foco quando você está sozinho no seu quarto. Às vezes, durante uma aula on-line, aparecia uma questão bem complicada. Enquanto estava lá sentado, tentando responder, acabava pensando: *Vou assistir a um vídeo no YouTube rapidinho, só para dar um segundo de descanso à mente*. Três horas depois, eu voltava para a questão, que continuava sendo complicada.

Meu maior problema era a falta que sentia dos meus amigos. La Vernia fica a 45 minutos de carro de San Antonio, de modo que eu só podia sair com eles nos fins de semana, e só quando um de nossos pais estava disponível para nos levar. Não tinha amigos em San Antonio, o que fazia com que a vida às vezes se tornasse demasiadamente solitária. Essa parte foi muito ruim.

O lado bom foi que fiquei com muito mais tempo para cantar e postar vídeos, e então pude ser muito mais produtivo, já que não tinha que frequentar uma escola regularmente. Eu levantava de manhã, fazia o trabalho escolar, produzia vídeos, postava e ia dormir. Fiz isso diariamente por um ano, e a partir do momento que meus vídeos começaram a ser vistos por milhões de fãs, deixei de me sentir solitário. É por isso que dou tanto valor a vocês e me esforço para fazer shows em suas cidades. Vocês me ajudaram a superar momentos muito difíceis.

Com a chegada do outono, minha mãe largou o trabalho num escritório de empréstimos imobiliários para ser minha empresária em tempo integral.

— Tudo bem, vamos tentar isso por um ano — disse ela, após entregar o aviso prévio. — Se ao final de um ano nada tiver acontecido, provavelmente

A PARTIR DO MOMENTO QUE MEUS VÍDEOS COMEÇARAM A SER VISTOS POR MILHÕES DE FÃS, DEIXEI DE ME SENTIR SOLITÁRIO.

serei obrigada a arrumar um trabalho de novo, e então teremos que repensar tudo isso.

— Entendo perfeitamente — respondi.

E entendia mesmo. Ela era fantástica, e eu ia dar o melhor de mim para deixá-la orgulhosa. Isso me deixava um pouco nervoso, porque realmente não queria decepcioná-la. Eu tinha apenas 15 anos, mas aquele era o meu sonho, e sabia que precisava correr atrás dele. Minha mãe sabia também. E foi o que fizemos.

A essa altura, eu ainda não tinha uma carreira. Tinha apenas um canal no YouTube com vários vídeos e algumas centenas de milhares de seguidores. Quando postava uma música, conseguia de algumas centenas de milhares até um ou dois milhões de visualizações. Por mais que isso definitivamente significasse alguma coisa, não fazia ideia de até onde poderia me levar.

Minha mãe começou a ser abordada por pais de garotas que queriam que eu fosse até a cidade deles para tocar na festa de aniversário das filhas ou para me apresentar em algum clube pequeno, para que elas e as amigas pudessem ir me ver. Eu adorava encontrar meus fãs cara a cara, o que era sempre uma aventura. Minha mãe fez um trabalho fantástico organizando tudo e cuidando dos preparativos para as viagens.

Ao final de outubro, me apresentei numa festa de aniversário de duas irmãs, que tinham convidado cerca de cem garotas para me verem tocar na casa delas, nos arredores de Chicago. Foi muito divertido. A família delas nos

tratou superbem, e como foram um dos primeiros a nos dar apoio, até hoje procuro me certificar de que eles consigam ir a meus shows em Chicago.

Já que tínhamos ido até lá, minha mãe e eu decidimos aproveitar ao máximo a estadia na cidade. Como eu só tinha tocado numa festa particular, ela sugeriu colocarmos um post no Twitter dizendo que eu estava indo dar uma olhada na escultura "The Bean", no Millenium Park, só para descobrir se eu tinha algum fã em Chicago. Provavelmente não apareceria ninguém, mas, caso contrário, teria a chance de dar um oi e conhecer alguns fãs.

Enquanto seguíamos para o parque, demos uma olhada no Twitter e vimos algumas fotos recém-postadas do local. Parecia haver um monte de garotas lá, muito mais do que esperávamos.

— Sabe, hoje é domingo. O parque deve estar cheio de turistas — disse ela. — Tenho certeza de que é só isso.

Só para nos certificarmos, decidimos que, quando chegássemos à escultura, subiríamos pela rampa lateral, em vez de pela escada principal, para podermos checar o que estava acontecendo antes que alguém soubesse que eu estava lá. Só que assim que nos aproximamos, algumas garotas que estavam encostadas no corrimão da rampa me viram. Elas começaram a gritar e vieram correndo em minha direção. Foi uma loucura. Várias outras literalmente pularam por cima do corrimão. Tive a impressão de que uma multidão enlouquecida estava vindo atrás de mim.

— Continue andando — falou minha mãe. — Não pare, porque, se você parar, não conseguiremos mais nos mover.

Fizemos o melhor possível para abrir caminho pela multidão, mas havia centenas de garotas, todas gritando e tentando falar comigo. Para ser honesto, a situação parecia um pouco fora de controle.

De repente, dois policiais corpulentos vieram abrindo caminho em nossa direção.

— Quem são seus seguranças? — perguntaram eles. — Com quem vocês estão?

— Ninguém — respondeu minha mãe. — Estamos sozinhos.

Pela quantidade de garotas, eles tinham presumido que eu estava acompanhando algum organizador de eventos ou relações-públicas, e levamos um tempo para convencê-los de que não fazíamos ideia de que algo daquela magnitude iria acontecer. Eles nos acompanharam até um prédio de entrada restrita do parque e nos mantiveram lá por tempo suficiente para que a multidão se dispersasse. E, depois, nos levaram de volta para o hotel num dos carros não oficiais guardados numa garagem subterrânea, a fim de que ninguém nos visse sair e viesse atrás da gente.

— Vocês fazem ideia de quantas garotas estavam lá? — perguntou um dos policiais.

Nós dois fizemos que não, ainda um pouco chocados.

— Cerca de mil — respondeu ele.

Mil garotas? Querendo me ver? Aquilo era uma loucura.

Recebi um convite para me apresentar no *Teen Hoot*, em Nashville, no Halloween de 2011, o que foi superdivertido. Cantei diversas músicas, entre elas "Find Your Love", do Drake; um medley de "Never Let You Go" e "Let Me Love You", e "I'll Be", que, a essa altura, estava se tornando uma espécie de assinatura minha. Ao ser entrevistado como parte da cobertura on-line, cheguei até a cantar um pouco para o entrevistador. E foi assim que ganhei meu ukulele.

Uma das melhores coisas que aconteceu foi conhecer uma cantora muito legal chamada Alyssa Shouse, outra grande artista do YouTube. Fizemos o

Mistletoe - Justin Bieber - music video cover by Austin Mahone -

Mistletoe - Justin Bieber - music video cover by Austin Mahone -

maior sucesso, e percebemos que gostávamos dos mesmos estilos. Assim, decidimos fazer um dueto da música "No Air", originalmente gravada por Jordin Sparks e Chris Brown. A ideia era gravar cada parte separadamente e depois pedir a uns dois amigos que eu havia conhecido através do YouTube, e que eram bons nessas coisas, que editassem as partes para criar um vídeo só, o qual poderíamos postar para nossos fãs.

Nenhum de nós dois tinha uma câmera boa na época, mas queríamos que o vídeo fosse feito em HD para parecer mais profissional. Então, quando minha mãe chegou em casa e nos preparamos para filmar a minha parte, decidimos usar a câmera do laptop. O problema era que enquanto ela segurava o computador com a câmera voltada para mim, não conseguia ver se estava me filmando ou não. Eu é que podia ver tudo. E, volta e meia, ficava fora de enquadramento, de modo que precisava ficar dizendo a ela para mover o computador para lá e para cá. Foram precisos diversos takes, muitos mesmo. O que definitivamente

Isso para não falar que foi o primeiro vídeo que tentamos fazer parecer profissional, e fiquei com a sensação de dever cumprido.

Por volta de novembro de 2011, as coisas pareciam estar realmente acontecendo, ainda que fôssemos apenas duas pessoas tentando controlar tudo da casa do vovô e da *mema*. Algumas emissoras de TV locais tinham me entrevistado, o que era ótimo. A gente comprou uma câmera nova e fez um cover da música "Mistletoe", do Justin Bieber, que se tornou viral. Em termos de produção, esse vídeo realmente ficou superior em comparação com os antigos. Eu estava começando a receber tantas cartas de fãs que *mema* ficou encarregada de lidar com elas. Ela também me ajudava a pendurar todos os pôsteres e desenhos no quarto e, em pouco tempo, o aposento inteiro — todas as quatro paredes *e* o teto — ficou coberto de correspondências de fãs. Ficou incrível.

Durante o outono, fiz várias viagens para tocar em festas de aniversário. Também agendamos vários outros shows. Uma das minhas primeiras grandes apresentações foi numa boate adolescente em Houston, um show para quatrocentos fãs. Não apenas essa era a maior plateia para a qual eu já havia tocado, como também me garantiu uma pequena cobertura da imprensa. Minha outra avó e minha tia Robin foram me ver, o que ajudou a tornar a noite realmente especial. Elas até colaboraram na venda dos artigos promocionais, (Logan e Rylie não estavam lá para fazer isso — Logan não tinha nem um ano de idade ainda —, mas hoje em dia eles comparecem aos meus shows sempre que possível.)

Só na hora de subir ao palco foi que vi o quanto ele era pequeno, não mais do que um banco virado de cabeça para baixo. Imaginem isso: eu, em pé sobre uma pequena peça de mobília, cantando do fundo do coração para quatrocentas pessoas. Não podia me mexer durante a apresentação. Não podia sequer dar um passo.

Ainda assim, dei o melhor de mim, e foi uma sensação gloriosa poder me apresentar no meu primeiro grande show. Na verdade, foram meus DOIS primeiros grandes shows, porque os ingressos para a primeira noite esgotaram tão rápido que eles estenderam por mais outra noite, de modo que repeti tudo de novo para outras quatrocentas pessoas. Era isso mesmo? Oitocentas pessoas querendo me ver cantar? Não conseguia acreditar.

Assim como acontecera com os vídeos, quanto mais shows eu fazia, maior se tornava o púbico. As coisas estavam ficando cada vez melhores.

Em dezembro daquele ano, voltei a Nova York muito antes do que havia previsto, levando em conta o aviso do vovô após nossa primeira viagem no verão anterior. Minha mãe sempre quisera conhecer a cidade, e foi uma sensação maravilhosa poder proporcionar isso a ela. Tínhamos um show marcado numa boate chamada DROM, e os ingressos venderam tão rápido que marcamos um segundo show para o mesmo dia. Esgotou também. Meu primo Mac foi o apresentador, e a gente se divertiu à beça.

Por volta dessa época, postei um novo vídeo, um cover da música "Someone Like You", da Adele, que se tornou o primeiro a conquistar dez milhões de visualizações. O prazo de um ano que minha mãe estipulara para tentarmos fazer minha carreira dar certo estava chegando à metade. E tudo estava acontecendo.

No entanto, com a chegada de janeiro, paramos de receber ligações e e-mails pedindo shows. As pessoas do mundo da música que minha mãe havia conhecido tinham avisado que janeiro era um mês meio parado, e que não deveríamos ficar nervosos. Mas tínhamos aberto mão de tudo — minha escola, o trabalho dela — e foi difícil não nos preocuparmos com a possibilidade de que, no fim das contas, a coisa terminaria por ali.

NYC
AUSTIN MAHONE
DECEMBER 19TH 2011
SOLD OUT
ALL ACCESS
NON-TRANSFERABLE

6. FINALMENTE

Nessa época, ainda éramos apenas eu e minha mãe fazendo tudo o que podíamos pela minha música. Foi por isso que meus fãs passaram a conhecê-la e a chamá-la de Mama, ou Mama Mahone, um apelido que ela própria criou enquanto tagueava uma foto nossa: ela, AC e eu na primeira Playlist Live, em 2011.

Os fãs começaram a reconhecê-la — a segui-la no Twitter e no Instagram, pedindo que ela tirasse fotos com eles quando estivéssemos em algum apresentação ou evento. A partir de então, ela começou a aparecer nos meus canais de vez em quando, só para dizer oi, e acabou se tornando a mãe de todos os fãs.

Tivemos um inverno parado — assustadoramente parado —, mas, por sorte, tínhamos um projeto legal para nos manter ocupados. Minha mãe sempre adorou Nashville. Ela é uma mulher country de coração. Por isso, íamos muito lá, e por volta dessa época ela conheceu uma mulher que era empresária de uma banda. Eles tinham feito uma música cinco anos antes que jamais tinham gravado, e achavam que agora estavam velhos demais para aquele tipo de material, de modo que a canção estava engavetada. Enquanto isso, eu estava cansado de só cantar covers e queria gravar e interpretar uma música original para variar. Eles me ofereceram a canção, o que foi muito legal da parte deles, e eu agarrei a oportunidade com unhas e dentes.

O melhor de tudo foi que isso me deu a chance de ir para Nashville gravar a música. Desde que deixara a escola no ano anterior, eu passava praticamente dia após dia trancado no quarto, tentando dar conta dos afazeres escolares e gravando vídeos. Meus amigos viviam todos em La Vernia, por isso eu quase não ia a lugar algum nem via ninguém. Foi fantástico ter a oportunidade de ir a outro estado fazer algo novo e animador.

A gravação ocorreu numa sala da casa do produtor. Foi o primeiro estúdio no qual entrei, com microfones e todas aquelas máquinas estranhas que nunca vira na vida. Assim que começamos, cantar foi igual ao que eu já estava acostumado — bem, exceto que o som era muito melhor do que o das minhas gravações caseiras. Antes que desse por mim, tinha gravado meu primeiro single, "11:11".

A viagem foi fantástica. Lá estava eu, em outro estado, gravando minha primeira canção. Nesse meio-tempo, enquanto estava num café em Nashville, ergui os olhos e vi uma garota muito alta e bonita, que me pareceu ligeiramente familiar. Não era possível. Só que... era. Taylor Swift. Eu precisava cumprimentá-la. Fui até a mesa onde ela estava, todo sem graça e constrangido, mas ela levantou os olhos e abriu um grande sorriso.

— Você é a Taylor? — perguntei.

— Sou — respondeu ela.

— Oi, meu nome é Austin Mahone. Sou um cantor do YouTube.

O sorriso dela ficou ainda maior.

— Isso é muito fofo — disse Taylor. — Continue se esforçando e nunca deixe de acreditar.

— Obrigado — respondi. — Se importa se eu tirar uma foto com você?

— Claro que não — disse ela.

Posamos juntos e minha mãe tirou a foto. Mal sabia eu que a gente se encontraria de novo um ano depois, sob circunstâncias que eu jamais poderia ter sonhado. A vida é muito louca às vezes.

Assim que terminamos de gravar "11:11", ficamos esperando pelo momento certo de lançá-la. Por fim, decidimos liberá-la no iTunes no Dia dos Namorados, ao mesmo tempo em que eu faria um show para celebrar a data, onde tocaria "11:11" pela primeira vez. Ainda me sentia mal por não ter encontrado todas aquelas garotas que tinham ido ao parque em Chicago só para me ver no outono anterior, e desejava fazer alguma coisa por elas. Decidimos, então, marcar o show de lançamento do meu primeiro single em um teatro nos arredores de Chicago.

Fevereiro foi um mês realmente atribulado, não apenas porque tivemos que organizar tudo para o show e o lançamento do single, mas também porque os negócios voltaram a esquentar, tal como o pessoal da indústria da música tinha prometido à minha mãe. O telefone voltou a tocar e as pessoas começaram a entrar em contato comigo via YouTube e Facebook. Duas importantes gravadoras tinham demonstrado interesse em me contratar, e um de seus caça-talentos estava planejando ir ao show em Chicago para me ver cantar e apresentar sua proposta.

Mesmo que um monte de coisas muito mais importantes tenham acontecido desde então, aquela foi provavelmente uma das melhores noites da minha vida. O show foi um sucesso. Lotado de gente, com a plateia parecendo animada e ansiosa para escutar minha nova música. Com um caça-talentos de uma importante gravadora no meio do púbico, tive a sensação de que as coisas estavam realmente deslanchando. E isso antes mesmo do single começar a fazer sucesso.

Depois do show, voltei para o quarto do hotel. E, então, exatamente à meia-noite, a hora em que a música seria lançada, entrei na loja do iTunes e a vi na lista: minha primeira canção. Foi uma sensação muito louca, apertar o play e escutar minha própria voz no iTunes. Definitivamente um daqueles momentos dos quais me lembrarei para sempre.

Acabamos despertando o interesse de três importantes gravadoras e algumas outras independentes, além de sete ou oito empresários diferentes que se mostraram animados ao ver o que eu tinha conseguido criar no YouTube e nas mídias

FOI UM MOMENTO MARAVILHOSO, TIPO: UAU, NÓS CONSEGUIMOS... ISSO ESTÁ REALMENTE ACONTECENDO.

sociais com a ajuda apenas da minha mãe (e de AC, é claro). Foi um momento maravilhoso, tipo: *Uau, nós conseguimos... isso está realmente acontecendo.*

Minha mãe e eu viajamos para Los Angeles e Nashville para nos encontrarmos com os empresários em potencial e ver o que eles tinham a oferecer. Fomos também a Nova York para reuniões com as gravadoras. Eu mal podia esperar para começar alguma coisa — qualquer coisa. Estava pronto para assinar um contrato o mais rápido possível e voltar a criar mais músicas. Minha mãe, porém, ressaltou que qualquer decisão faria com que ficássemos vinculados à gravadora por vários anos, portanto, precisávamos ir com calma e nos certificar de que seria a melhor opção para mim. Eu sabia que ela estava certa, mas era frustrante. Pelo menos era divertido viajar e conhecer gente nova. Para não falar, é claro, da sensação maravilhosa de estar sendo subitamente levado a sério pela indústria da música. Tentei ser paciente, mesmo que

a paciência não seja uma das minhas maiores virtudes.

Em fevereiro de 2012, Rocco começou a mexer os pauzinhos para me encontrar. Ele mandou e-mails para todos os meus amigos, para minha mãe e até para minha antiga escola. Por fim, minha mãe ligou para ele e os dois conversaram. Ele explicou que vinha acompanhando meu trabalho havia meses, assistindo todos os vídeos do YouTube e das outras mídias sociais. Seu interesse tinha sido despertado ao assistir o cover de "Shot for Me", do Drake. Conversamos por um tempo antes de minha mãe e eu concordarmos em encontrar a equipe da Chase. Quando finalmente fizemos isso, Rocco e seus parceiros disseram que tinham ficado muito impressionados e que queriam me fazer passar para o próximo nível. E se surpreenderam quando dissemos que todos aqueles vídeos tinham sido feitos por mim e pela minha mãe sozinhos.

O nosso trabalho estava finalmente começando a render frutos.

Em meio a tudo isso, recebi uma notícia maravilhosa. Fui convidado a me apresentar na Playlist Live de novo, só que dessa vez como uma das atrações principais num show para milhares de fãs. Foi incrível ver quanta coisa havia mudado em apenas um ano. Minha primeira apresentação na Playlist Live tinha sido uma experiência nova e, por isso, muito legal. Só que, na época, eu não sabia o que estava acontecendo, e acabei me sentindo um pouco tímido em diversos momentos.

Nessa época, ainda éramos apenas eu e minha mãe fazendo tudo o que podíamos pela minha música.

A segunda vez foi totalmente diferente. AC e eu estávamos muito mais confiantes, o que tornou a coisa toda bem mais divertida. Além disso, Robert estava com a gente também. E, para melhorar ainda mais, as pessoas agora nos reconheciam, parando para dizer oi e pedindo para tirar fotos conosco.

Assim que entramos no salão do hotel para a festa de inauguração, percebemos que ela seria maravilhosa. Encontrei pessoas com as quais havia saído algumas vezes no ano anterior e conheci muitas outras. Havia uma pista de dança e, quando nos demos conta, Robert e eu estávamos no meio do círculo, fazendo nossos passos enquanto as pessoas à nossa volta dançavam e aplaudiam. A gente se divertiu pra valer. A apresentação do dia seguinte foi fantástica, principalmente porque, a essa altura, eu já havia feito alguns shows e aprendido uma série de coisas. Estava pronto para o que viria a seguir.

No fim de março, os caras da Chase pediram que a gente fosse a Miami conhecer a equipe inteira e ver como eles trabalhavam. Eles mandaram uma limusine nos pegar no aeroporto e nos colocaram num belo hotel em South Beach, o que, por si só, já foi muito legal. Minha mãe, porém, sempre dizia que não devíamos deixar esse tipo de coisa atrapalhar nosso julgamento, que era uma atitude padrão na indústria da música. Ainda assim, foi fantástico sentar no banco de uma enorme limusine, observando a praia, as palmeiras e os sofisticados hotéis destacados contra o horizonte.

E tudo aquilo estava acontecendo porque AC e eu tínhamos gravado alguns vídeos e postado no YouTube, e porque eu jamais parara de acreditar mesmo quando ainda não havia motivo.

Não existe sensação melhor no mundo. Para melhorar ainda mais as coisas não senti como se tivéssemos que ficar com o pé atrás em relação aos caras da

Tudo aquilo estava acontecendo porque AC e eu tínhamos gravado alguns vídeos e postado no YouTube, e porque eu jamais parara de acreditar, mesmo quando ainda não havia motivo.

Chase. Eles só queriam se certificar de que estávamos sendo bem-cuidados e de que nos sentíamos acolhidos, o que de fato aconteceu. Pude simplesmente relaxar e aproveitar.

Uma das coisas que percebi a respeito deles foi que eles eram amigos de longa data, e que muitas vezes pareciam saber o que o outro estava pensando sem que precisassem dizer qualquer coisa. Aquilo me fez pensar em minha amizade com AC, Robert e Zach, e me deixou à vontade, como se a gente fosse parecido em alguns aspectos.

Os quatro sócios da Chase eram membros de uma equipe que dividia a responsabilidade por tudo, embora, ao mesmo tempo, cada um tivesse sua própria forma de se comunicar dentro de sua área de especialidade. Juntos, eles formavam uma máquina eficiente. E eram pessoas divertidas. O tempo em que passamos com eles em Miami fez com que eu começasse a sentir que aquela poderia vir a ser a minha vida.

Minha mãe e eu tínhamos intenção de assinar com eles por vários motivos — estavam por dentro do negócio já fazia muito tempo e cuidavam de muitos artistas de sucesso. Mesmo que atuassem mais com hip-hop e R&B, e eu soubesse que provavelmente tenderia para um estilo mais pop, percebemos que eles conheciam muita gente e que tinham os contatos certos.

Em nossa última noite em Miami, depois que eles nos deixaram no hotel, entrei no quarto, seguido de perto por minha mãe. Fui até a janela e, de repente, foi como se soubesse o que precisava fazer. Virei e olhei para ela.

COMECEI A SENTIR QUE AQUELA PODERIA VIR A SER A MINHA VIDA.

— Mãe, são eles — falei.

— Austin, eu estava prestes a dizer a mesma coisa. Sinto que eles são os caras.

Apesar de nossa conclusão, ainda não estávamos prontos para tornar aquela decisão definitiva.

7. SAY SOMETHIN

Fiz 16 anos no dia 4 de abril de 2012. Um dia antes, tivemos um jantar em família para comemorar meu aniversário. Mas, no dia em si, eu queria fazer algo especial, e sabia exatamente o quê.

Parte da conversa com os caras da Chase incluía a ideia de que, se eu assinasse com eles, teria que me mudar para Miami por pelo menos seis meses, para que eles pudessem ajudar a me projetar como artista. Eu tinha vivido no Texas a vida inteira. Era tudo o que conhecia. E não só minha família como todos os meus amigos moravam lá. Sabia, porém, que precisava dar uma chance a Miami. Queria ir para lá e começar a trabalhar imediatamente. No entanto, minha mãe disse que não poderíamos partir ainda. Muita coisa estava acontecendo, e tudo ao mesmo tempo. Ainda assim, eu sabia que havia uma chance de nos mudarmos para Miami em pouco tempo, e queria fazer alguma coisa legal pelos amigos que tinham me apoiado desde o início.

Pedi para minha mãe alugar uma limusine Hummer branca. Era uma tarde de sexta-feira, e saí para buscar AC, Robert e Zach na escola e

YOUNG
SELF MADE

SELF

os levar de volta para San Antonio para passarmos a noite. Fomos jogar boliche, vimos um filme e jantamos no Olive Garden. Senti que poderia deixar o Texas sem nenhum arrependimento. Os rapazes sabiam o quanto eu gostava deles e que estávamos juntos nessa aventura. Eu me sentia MAIS do que pronto para viver meu sonho.

Em meados de abril, os caras da Chase nos convidaram para uma segunda visita de cinco dias a Miami, para conversarmos sobre como seria o trabalho juntos. Durante a viagem, eles me levaram a um estúdio de verdade pela primeira vez. Todo mundo adora dizer que eu parecia um animal diante dos faróis de um carro ao entrar lá, totalmente petrificado. Quando vi a mesa de gravação, com seus milhares de botões — tantas formas de melhorar a qualidade do som de uma canção que eu jamais vira antes —, pensei: *O que estou fazendo aqui?*

Os caras me zoaram um pouco, mas eu estava começando a entender que esse era o jeito deles. Imediatamente me senti em casa — era como se estivesse com versões mais velhas dos meus amigos.

Rocco me deu um tapinha nas costas e me conduziu até a cadeira do produtor.

— Vamos lá, vou lhe mostrar o estúdio.

Ele me deu uma breve explicação sobre como tudo funcionava, e percebi que estava exatamente onde deveria, o que foi muito legal, especialmente depois de minha mãe e eu termos arriscado tantas coisas para chegar até ali.

Quando ouvi "Say Somethin", saquei que era ela. Todos sacaram.

Não queríamos desperdiçar o momento a que eu tinha chegado e o qual levara um ano construindo, principalmente quando queria gravar meu próximo single o quanto antes. De sua parte, eles desejavam me dar uma ideia de como seria trabalhar com a equipe, portanto, decidimos gravar uma ou duas músicas enquanto eu estava lá.

A grande pergunta era: que estilo de música eu deveria desenvolver? Como ainda estava começando como artista, optamos por tentar algumas abordagens diferentes e ver quais delas se adequavam mais à minha forma de cantar e interpretar e, é claro, quais teriam um melhor retorno dos fãs. Eles colocaram algumas músicas diferentes para tocar, e escutei todas elas com atenção. Era uma grande decisão. Quando ouvi "Say Somethin", saquei que era ela. Todos sacaram. Ela tinha uma batida legal, divertida, que se encaixava comigo. Poderia vir a se tornar um sucesso, pensamos. Além disso, eu gostava de cantá-la, o que é sempre o mais importante. E, mesmo que minhas músicas tenham evoluído muito desde então, ela ainda é uma parte importante do meu repertório ao vivo.

Os caras chamaram Maejor Ali e Mike Posner para trabalhar comigo, dois produtores e compositores muito talentosos. Maejor já trabalhou com um monte de gente, de Iggy Azalea a Ne-Yo, e Mike já compôs músicas para vários outros artistas, de Pharrell a Maroon 5, e a coisa não para por aí.

Naquele primeiro dia, ao entrar no estúdio para trabalhar com eles, pensei: *Uau, como será que vai ser isso?* Os dois se mostraram figuras fáceis, e Maejor não só me ajudou muito como me deu grandes toques. Eu me adaptei rapidamente. Na verdade, não demorou muito para que o estúdio se tornasse um dos meus lugares prediletos. Assim que minha mãe saiu da sala (não sei por que, mas sempre fico um pouco incomodado quando ela me vê gravar — acho que é uma coisa de mãe e filho), verifiquei todas as

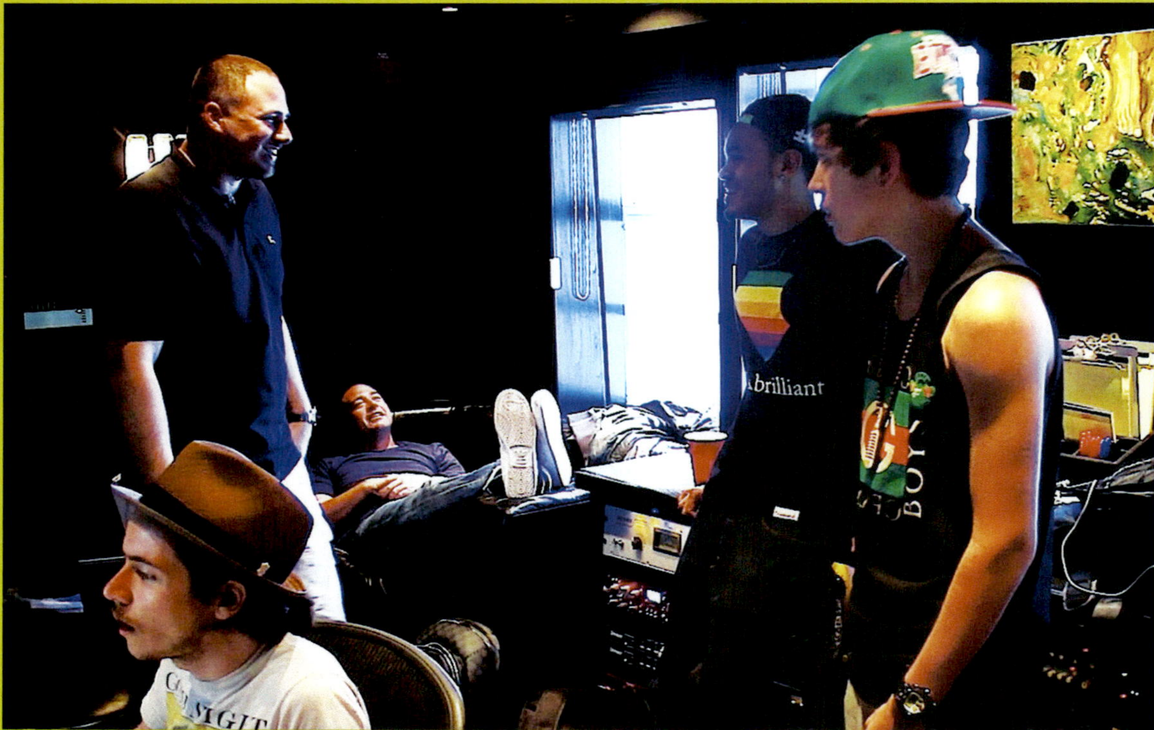

músicas que tínhamos separado. "Say Somethin" foi a escolha óbvia para o próximo single. Foi maravilhoso sair de lá com a sensação de que eu tinha acertado em cheio.

Foi também uma boa chance de ver como era o trabalho dos caras da Chase. Acho que posso dizer que fiz uma boa leitura dos quatro durante essa segunda visita, e foi isso que solidificou minha decisão. A convivência com eles era fácil, e eu sentia que podia confiar em todos no que dizia respeito às decisões que teria que encarar naquele ponto da minha carreira.

Minha mãe e eu deixamos claro que estávamos prontos para assinar o contrato. Isso significava dar uma pausa nas conversas com as gravadoras, o que parecia um pouco estranho, visto que eu mal podia esperar para lançar mais músicas. Os caras, porém, me prometeram que eu não iria me arrepender. E estavam certos. Oportunidades melhores me aguardavam, ainda que eu não fizesse ideia disso na época.

Na última semana de abril, compareci à minha crisma, a confirmação católica do batismo. Também tirei o aparelho dos dentes, o que fez com que aquele fosse outro dos melhores dias da minha vida. Eu tinha brigado muito com minha mãe por causa do aparelho, mas meus dentes eram tão tortos que não tivera escolha. Fora obrigado a usá-lo por dois anos e meio, grande parte do tempo ostentando-o diante da câmera. Mas eu estava finalmente me livrando dele, seis meses antes do previsto, o que não poderia ter me deixado mais feliz.

Tive certeza de que havia tomado a decisão certa em relação à equipe da Chase quando eles pegaram um avião até San Antonio para assistir à minha crisma. Isso foi muito importante para mim. Melhor ainda foi o fato de que, no dia seguinte, eles foram até a casa do vovô e da *mema* para assinarmos o

contrato, o que aconteceu no lugar onde tudo havia começado: meu quarto. Não sei explicar o quanto foi fantástico me ver parado ali, no lugar em que passara tantas horas sozinho — sentindo-me solitário e entediado, imaginando se algum dia as coisas dariam certo ou se os garotos do colégio tinham razão e meus vídeos no YouTube eram apenas um amontoado de besteiras —, e constatar que, no fim das contas, era exatamente onde meus sonhos estavam se tornando realidade.

Olhei de relance para minha mãe e pensei no apoio que ela sempre me dera, no risco que havia decidido correr ao desistir do emprego e me proporcionar um ano para correr atrás da minha carreira na música. Em seguida, olhei para os caras da Chase Entertainment — que haviam acreditado em mim e que já estavam começando a parecer os irmãos mais velhos que eu nunca tivera. Foi um momento muito intenso.

Eu estava fora de mim, é claro, pois nem em um milhão de anos poderia imaginar que estaria assinando um contrato com empresários de verdade e que passaria a viajar para tudo quanto é lugar, cantando para fãs de carne e osso. Tudo o que estava acontecendo era muito melhor do que eu jamais poderia ter sonhado. E era só o começo.

Muitas coisas boas ocorreram na época. E foi nisso que tentei me concentrar. Ainda assim, houve alguns momentos realmente difíceis naquele ano. No começo do inverno, ficamos com a sensação de que a família inteira tinha desenvolvido algum tipo de alergia; estávamos todos espirrando e tossindo sem parar. No entanto, passadas algumas semanas, melhoramos. Exceto a *mema*. A tosse dela parecia estar ficando pior. Por fim, ela foi ao médico e descobriu que estava com câncer no pulmão, apesar de jamais ter fumado. Foi uma notícia terrível, assustadora.

Por volta da mesma época, minha cadela, Angel, que eu tinha desde os 5 anos, ficou doente e começou a ir e voltar do veterinário o tempo todo. Não sabíamos como conseguiríamos cuidar dela nem se poderíamos levá-la conosco na mudança. No fim, o veterinário falou que não havia mais nada que pudesse ser feito e que ela estava sofrendo. Angel teve que ser sacrificada. Ela sempre tinha cuidado de mim, e foi muito triste não tê-la mais conosco.

Mesmo com as dificuldades, a vida continuou a todo vapor. Na verdade, as coisas começaram a acontecer ainda mais rápido, se é que era possível. No dia 12 de maio, pouco mais de um mês após meu aniversário de 16 anos, minha mãe e eu oficialmente nos mudamos para nosso novo apartamento em Miami, de frente para a praia. O contrato de aluguel era só de seis meses, porque ela achava que talvez fosse melhor mantermos nossa base em San

TUDO O QUE ESTAVA ACONTECENDO ERA MUITO MELHOR DO QUE EU JAMAIS PODERIA TER SONHADO. E ERA SÓ O COMEÇO.

Antonio — era um lugar familiar e, em pouco tempo, minha carreira exigiria que viajássemos bastante. No entanto, um mês após a mudança, chegamos à conclusão de que ir para Miami tinha sido a melhor coisa que poderíamos ter feito. Pessoalmente, eu adorei a cidade e estava feliz por saber que ficaríamos lá por um tempo.

8. PRIMEIRAS VEZES

Acho que as coisas não poderiam ter acontecido mais rápido do que aconteceram. Já na primeira semana em Miami, fizemos uma sessão de fotos e começamos a trabalhar a coreografia para o Springle Ball da estação Q102, show que ocorreria na Filadélfia. Era algo que já estava previsto, e era um evento importante. A estação tinha me indicado para o concurso Next Big Thing, cujo vencedor seria selecionado pelos ouvintes para participar do show, e eles me escolheram. Entre os vencedores anteriores estão Lady Gaga e Katy Perry. Eu iria me apresentar com Enrique Iglesias e Flo Rida (com quem viria a colaborar alguns meses depois) na frente de vinte mil pessoas. Precisava ensaiar muito.

Antes que desse por mim, chegou o dia do Springle Ball. Havia dois palcos, e eu estava no menor, onde mal cabiam três pessoas, o que fez com que fosse um verdadeiro desafio para mim e para os dançarinos. Contudo, o importante era: eu estava *lá*. Minha primeira apresentação numa arena lotada, com todos gritando, dançando e se divertindo. Foi fantástico. Jamais esquecerei a sensação — foi como se tivesse tomado uma possante

ACHO QUE AS COISAS NÃO PODERIAM TER ACONTECIDO MAIS RÁPIDO DO QUE ACONTECERAM.

injeção de adrenalina. Meu show na época ainda era muito simples — apenas quatro dançarinos de apoio usando jeans azul e camiseta branca —, mas a gente ainda usa parte da coreografia até hoje. O diferencial no dia foi ter uma equipe comigo no palco, o que me fez sentir como um artista de verdade.

Foi tudo muito bacana, mas o que eu realmente queria era me concentrar em criar músicas novas para meus fãs o quanto antes. Lancei "Say Somethin" em 5 de junho de 2012, e assim que ela entrou no iTunes, nos empenhamos em promover uma forte divulgação. Foi o primeiro lançamento com minha nova equipe empresarial, feito de forma independente (o que significa sem o apoio de nenhuma grande gravadora). Ela fez bastante sucesso no iTunes e alcançou o 34º lugar no Top 40 da *Billboard*. Isso definitivamente chamou a atenção de muitas pessoas e me deu o pontapé inicial para começar a fazer o que queria como artista.

Vimos também, de forma clara e imediata, que muitas pessoas fora do universo do YouTube estavam se perguntando: *Quem é esse garoto que está lançando essas canções?* Nosso objetivo era lançar a mim e a minha música pelo mundo *afora*, para que todos descobrissem quem era o tal garoto.

A partir daí, as coisas simplesmente começaram a se desenrolar. Tive outra grande primeira vez uma semana depois, em Chicago, onde me apresentei no B96 Pepsi Summer Bash, no dia 16 de junho. Foi legal porque eu estava conhecendo algumas das pessoas com as quais dividia o palco — como, por exemplo, Mike Posner e Flo Rida —, o que começou a me dar a sensação de que aquele também era meu mundo. Isso para não falar que um show no Toyota Park significava um show para trinta mil pessoas: tudo estava ficando cada vez maior e melhor. Minha participação foi pequena, mas eu me senti bem ao sair do palco.

Assim que o motorista ligou o carro para me levar de volta ao hotel, meu single "Say Somethin" ecoou dos alto-falantes. Ele estava tocando na rádio naquele exato momento! Foi a primeira vez que escutei a mim mesmo no rádio, e foi uma sensação indescritível. *Isso é tão estranho*, pensei. *Tão legal. Mas é estranho.* Era como se eu estivesse experimentando uma vida nova a cada dia, e era difícil acreditar que era a *minha*.

O verão estava passando rápido, e tínhamos um show muito importante marcado para o começo do outono no Best Buy Theater, em Nova York. Não era um show grande em termos de capacidade (o teatro acomoda apenas 2200 pessoas, o que era pouco em comparação com os dois últimos shows patrocinados pelas rádios), mas era *grande* porque era um show só meu e os ingressos haviam esgotado em questão de minutos! E isso porque ele foi divulgado apenas no Twitter, o que tornou tudo mais surpreendente ainda. Foi muito legal da parte de vocês me oferecerem tanto apoio. Para mim, esse foi também um show de exibição, pois estávamos tentando fechar com alguma gravadora. Na maioria das vezes, os artistas fazem seu show de exibição na sala de reuniões da gravadora

ENTÃO, O QUE COMEÇOU COMO UM TESTE DE DANÇA ACABOU ME PROPORCIONANDO UMA NOVA AMIZADE E GARANTINDO A JOSH UM PAPEL DE LIDERANÇA NA MINHA EQUIPE.

mas isso é muito sem graça. Queríamos que elas vissem o verdadeiro Austin Mahone e sentissem a energia que ele provocava no púbico.

Eu estava planejando uma apresentação de uma hora, o que significava muito material para aprontar. Por sorte, conheci alguém que viria a se tornar um dos membros mais importantes da minha família musical e, para ser franco, uma espécie de irmão mais velho: meu dançarino Josh Smith, que hoje chamo de meu capitão da dança. Ele participou de uma audição com vários outros dançarinos na época em que estávamos preparando o show, mas percebi algo diferente em relação a ele de cara. Josh não só é um dançarino incrivelmente talentoso — ele e sua equipe haviam dançado na *America's Best Dance Crew* — como também tem uma espécie de poder tranquilo ou algo do gênero que eu não saberia como descrever.

Mas ele não poderia ter entrado na minha vida numa hora melhor. Era uma das minhas primeiras tentativas de incorporar a dança ao meu show e, para ser honesto, eu era um péssimo dançarino na época. Jamais havia dançado de verdade. Eu era duro e envergonhado, e tive que aprender tudo do zero. Logo percebi que Josh não só era um excelente dançarino, mas também um ótimo professor. Ele me ensinou muita coisa, dando-me diferentes toques sobre o que fazer no palco durante as apresentações ao vivo — vocês sabem, tipo a maneira de parar e ficar num determinado lugar por alguns segundos para me conectar com a plateia antes de partir para o próximo passo.

Então, o que começou como um teste de dança acabou me proporcionando uma nova amizade e garantindo a Josh um papel de liderança na minha equipe. Essa foi também uma época um tanto solitária para mim, por isso fiquei feliz em ganhar um novo amigo que era tão apaixonado por se apresentar nos

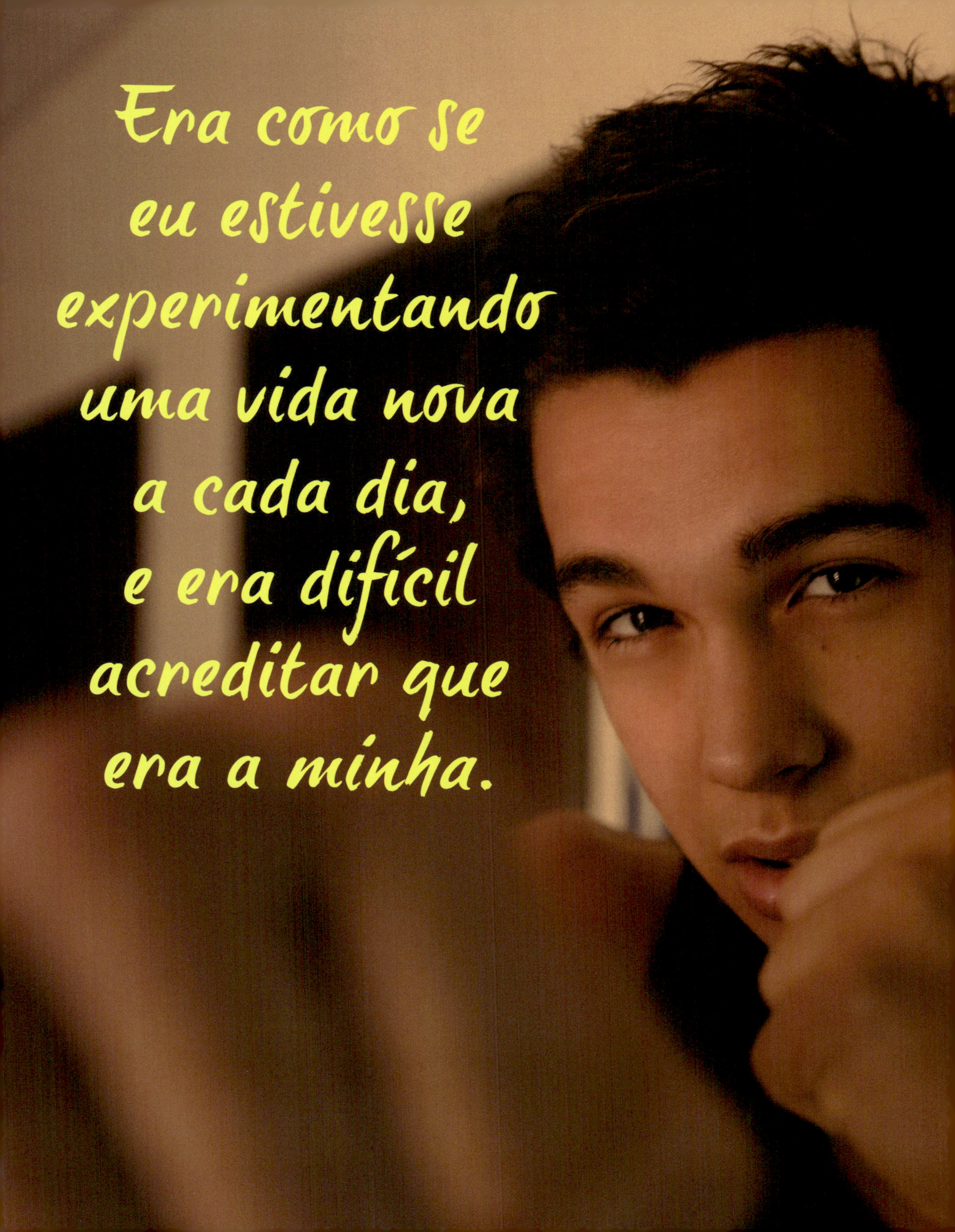
Era como se
eu estivesse
experimentando
uma vida nova
a cada dia,
e era difícil
acreditar que
era a minha.

palcos quanto eu. É claro que eu tinha a companhia da minha mãe e da equipe o tempo todo, mas eles eram adultos. Meus amigos estavam longe, em La Vernia, terminando o ensino médio e, de vez em quando, eu ficava entediado. Portanto, tive sorte em conhecer Josh naquele momento.

No entanto, isso não fez com que os ensaios se tornassem mais fáceis. Suamos por dias e dias (e dias), nos preparando para o show no Best Buy. Eu queria que tudo ficasse perfeito, tanto para os fãs quanto para as gravadoras. E deu certo! Assinei o contrato no mês seguinte.

Queria, também, fazer algo legal pela minha mãe. O carro dos sonhos dela era um Mustang conversível, portanto, decidi comprar um de presente. Infelizmente, não pude fazer uma surpresa porque era jovem demais para comprar um carro por conta própria. Mas, ainda assim, foi muito legal.

Ela sempre me apoiou em tudo. É realmente a melhor mãe do mundo. Uma vez tendo satisfeito o maior desejo dela, decidi me dar um presente também — um Range Rover vermelho.

Encontrei meus amigos no começo de agosto nas circunstâncias mais legais possíveis. A filmagem do clipe "Say Somethin" estava marcada (meu primeiro videoclipe de verdade) e decidimos ambientá-lo numa escola. Eu iria cantar e dançar com um bando de outros alunos. Não havia dúvidas sobre quais pessoas fariam meus melhores amigos, portanto mandamos trazer AC, Robert e Zach para as filmagens.

O vídeo foi filmado numa escola particular de Hollywood, na Florida, e nos divertimos muito. Foi mais outro daqueles momentos em que a gente se sente feliz com a vida e com o progresso da carreira.

O resto do ano foi bastante atribulado. Fora as apresentações e gravações, eu ainda tinha que me adaptar à nova vida em Miami (pelo menos no pouco tempo em que passava lá). Na maior parte, foi muito, muito legal. No entanto, em setembro, passei por um dos momentos mais difíceis que já tinha experimentado até então. Uma das coisas ruins de termos nos mudado para Miami foi que, de repente, estávamos longe do vovô e da *mema*, e logo quando ela estava começando o tratamento contra o câncer.

Minha mãe falava com eles o tempo todo, e demos nosso melhor para vê-los o máximo possível. Eu estava ocupado com apresentações e aparições que não podiam ser adiadas, por isso não conseguíamos vê-la tanto quanto desejávamos. As pessoas estavam começando a depender de mim profissionalmente, portanto, tempo livre era algo que quase não existia. Foi então que recebemos a notícia de que o tratamento não estava surtindo efeito e de que a *mema* estava piorando rapidamente.

Então fomos para San Antonio... sabendo que talvez fosse a hora de nos despedirmos dela, mas sem dizer adeus, se é que isso faz sentido. Foi realmente difícil entrar no quarto e ver a *mema* tão doente. Mas fiquei muito feliz por ter um tempo para ficar com ela, mesmo que fosse um momento triste. A *mema* sempre havia me apoiado, e eu queria retribuir, pelo menos um pouco. Após uma visita de apenas alguns dias, tivemos que voltar para a estrada. Ela entendeu — e me apoiou, como sempre fizera, o que significou muito para mim. Nunca me senti tão mal quanto naquela despedida, pois sabia que havia uma chance de jamais voltar a vê-la. Ela sempre cuidara de mim e fizera tudo para me ver feliz. Era divertida e engraçada, provavelmente a melhor avó do mundo.

Algumas semanas depois, o estado da *mema* piorou muito e ela foi internada. Não pude ir vê-la imediatamente, mas gravei um vídeo para minha mãe mostrar a ela.

Como não sabia exatamente o que dizer, respirei fundo e comecei a falar: "Oi, *mema*, aqui é o Austin. Só queria dizer que amo muito você e estou morrendo de saudade. Tenho muita sorte por ter você em minha vida, e agradeço a Deus por isso. Você é a melhor *mema* que um garoto poderia ter. Obrigado por sempre ter estado ao meu lado. Amo muito você."

A situação era muito triste, demais, então mergulhei de cabeça no trabalho, o que me ajudou a distrair um pouco a mente, embora pensasse nela o tempo todo. Uns dois dias depois, minha mãe ligou de San Antonio para dizer que a *mema* tinha morrido. Senti como se o céu tivesse desabado sobre a minha cabeça. Mesmo quando a gente sabe que algo assim está para acontecer, não tem como se preparar. Mas esse momento me fez ver mais uma vez que eu tenho os melhores fãs do mundo.

Muitas pessoas conheciam a *mema* porque ela havia participado de vários vídeos e era a responsável pela correspondência dos fãs. Quando postei que ela havia morrido, recebi uma enxurrada de mensagens de apoio e carinho. Isso significou muito, tanto para mim quanto para minha mãe, e me ajudou a superar os primeiros meses, que foram os piores.

Sabíamos que o Dia de Ação de Graças daquele ano seria triste, pois teríamos de jantar sem a presença da *mema*, o seu pão trançado e todas as suas comidas maravilhosas. Por isso, foi muito legal quando Mike Blumstein nos convidou para passar o feriado na casa dele. Ele tem uma família grande em Miami, e insistiu que ficássemos lá. Vovô e a tia Lisa foram de San Antonio. Não foi a mesma coisa. Mas fizemos o melhor que conseguimos dadas as circunstâncias, e eu sabia que deveria ser grato por tudo.

Felizmente, após tudo isso, o ano terminou de maneira positiva. Recebi o convite para participar de uma turnê da Jingle Ball Radio, que sempre inclui algumas estrelas importantes. Naquele ano foram Enrique Iglesias, Ed Sheeran e minha velha amiga de Nashville, Taylor Swift.

Cantei para milhares de pessoas todas as noites, muitas das quais jamais tinham ouvido falar de mim ou da minha música, por isso fiquei animado em ter a chance de me apresentar para elas e, quem sabe, transformar algumas em Mahomies.

Parecia que realmente todo o meu trabalho estava dando frutos. Mas não queria esquecer o lugar de onde viera nem como tudo tinha sido tão fantástico. Assim, estabeleci um ritual nessa turnê que realizo até hoje. Tão logo cheguei ao local onde seria o Jingle Ball, bem cedo para poder passar o som, e entrei naquela arena enorme e vazia que em poucas horas estaria vibrando com os gritos de milhares de fãs, fui até os fundos, em direção à última fileira, subi até o topo e me sentei. Tirei uma foto da vista lá de cima e pensei: *Uau, esse lugar é gigantesco. Espero um dia ser capaz de vê-lo lotado só por minha causa.*

CH

9. FAVORITA DOS FÃS

Tive muitas experiências novas nos últimos dois anos. Várias delas eu já esperava. Havia decidido tentar me tornar um cantor, e essas são coisas que acompanham esse tipo de vida: o primeiro single, o primeiro videoclipe, a primeira apresentação numa casa de shows lotada. Mas há momentos que acho que ninguém pode prever, do tipo que você não consegue acreditar que está acontecendo. Essa seria definitivamente a melhor forma de descrever a oportunidade única que recebi naquele domingo, 31 de março de 2013.

Era o dia do evento anual Easter Egg Roll, na Casa Branca, e eu tinha sido convidado a me apresentar. Não sabia se teríamos a chance de conhecer a família do presidente, mas, mesmo que não tivéssemos, seria um dia que ficaria marcado na memória para sempre. No fim das contas, pedimos para voltar e sermos apresentados a eles. Imaginem quantas pessoas têm a chance de conhecer o presidente dos Estados Unidos!

A fila andava tão devagar que parecia que eu não teria chance de conhecê-lo, pois precisava me preparar para a apresentação. Estava um tanto decepcionado. Mas, então, me conduziram até a frente, para que eu pudesse sair correndo depois e cantar para o púbico. Mal conseg acreditar. Tirei uma foto com o presidente, a família dele e minha mãe. Ele toda a família foram muito legais.

Voltei ao estúdio em abril para gravar mais um monte de músicas novas. Eu estava melhorando a minha performance e aprendendo a me posicionar diante de grandes plateias. No entanto, o que realmente me importava era definir o som — encontrar a música ou as músicas que se tornariam minha marca registrada e que me fariam deixar de ser apenas o garoto do YouTube para me lançar como uma estrela pop respeitada mundialmente. Mas encontrar — ou compor — a canção certa é uma das coisas mais difíceis no mundo da música.

É preciso escolher suas melodias com cuidado. Saber se uma música é certa ou não é algo que a gente sente. Quando você escuta uma canção de que gosta, a paixão é imediata. E, então, você sabe: essa vai ser um sucesso. Eu definitivamente quero criar músicas desse tipo, que façam as pessoas se sentirem bem, que elas amem.

No entanto, quando você grava sua própria canção, é difícil prever o que vai acontecer. Você se entrega de corpo e alma, tentando fazer dela algo apaixonante, mas, então, ela é tocada tantas vezes no estúdio que chega

SABER SE UMA MÚSICA É CERTA OU NÃO É ALGO QUE A GENTE SENTE.

num ponto que você escuta mas não consegue mais ouvir. Aí você pensa: *Puxa, cara, essa música é incrível.* Mas, depois, toca para seus amigos e eles dizem: *De jeito nenhum, cara, ela não é tão boa assim.*

Aprendi que chega um momento em que é preciso confiar no ouvido dos outros. Depois de checar a reação da equipe, toco para a minha mãe. E, depois, para a gravadora. Toco também para os dançarinos e para os meus amigos. E, é claro, para AC. Ele é o meu crítico mais feroz, o que não significa que seja do contra nem cruel. Essa, na verdade, é uma excelente qualidade num melhor amigo, porque ele sempre vai me falar a verdade. E eu prefiro que seja ele a me manter com os pés no chão do que receber esse choque de realidade dos críticos ou dos fãs depois que a música foi lançada. Tudo o que eu quero é uma opinião honesta, e levo todas em consideração.

Na verdade, já chamei vários fãs para irem até o estúdio e me darem suas opiniões. Fizemos isso durante as gravações de abril de 2013 porque eram muitas músicas, e eu não conseguia decidir qual delas deveria ser o próximo single. A gravação estava sendo feita com o produtor RedOne, que já trabalhou com gente como Lady Gaga, Enrique Iglesias e Nicki Minaj. Gravamos

um monte de músicas e estávamos divididos. Eram todas boas, e eu não conseguia escolher uma favorita para ser o próximo single.

Enquanto gravávamos, havia um grande número de fãs esperando do lado de fora do estúdio. Era uma das últimas noites reservadas para gravar com Red, e já estava tarde. Decidimos, então, convidar as garotas a entrar, tocar o novo material para elas e ver o que diriam. Afinal de contas, as músicas eram para elas — minhas fãs — mais do que para quaisquer outras pessoas.

— E aí, como vocês estão? — perguntei.

— Austin, posso tirar uma foto? — pediu uma das meninas.

— Claro — respondi. — Mas, primeiro, vocês podem me ajudar com uma coisa?

Assim, levamos todas para dentro do estúdio e explicamos a situação.

— Certo, temos cinco músicas novas que vamos tocar para vocês agora — falei.

Elas ficaram realmente animadas ao escutarem isso. Não estavam esperando nada parecido!

— Não vamos falar o título de nenhuma delas — continuei. — Em vez disso, vamos apenas enumerá-las. E queremos que vocês escolham o número da que mais gostarem.

Em seguida, toquei as cinco músicas.

E a favorita foi a que se tornou meu próximo single, "What About Love". Nós a lançamos no dia 10 de junho de 2013, e ela se tornou uma das principais músicas das apresentações daquele verão.

Para ela, escolhemos uma batida ao estilo Backstreet Boys/'NSYNC porque achamos que seria legal resgatar o pop clássico dos anos 1990. Ela fez mais sucesso do que meus singles anteriores, alcançando a 18ª posição na lista do TOP 40. Fiquei animado por ter conseguido conquistar um público maior.

Tive uma certa ajuda para atingir esse objetivo durante o verão de 2013, quando me pediram para fazer o show de abertura de uma estrela *importantíssima* que eu admirava muito, o que, na verdade, era exatamente o tipo de oportunidade que estava esperando. Preciso contar um segredo, quando a equipe me falou para quem eu iria fazer o show de abertura, mal acreditei: Taylor Swift — alguém por quem eu sempre sentira um tremendo respeito, especialmente depois de ela ter sido tão bacana comigo em Nashville. Além disso, eu admirava a forma como ela conduzira a carreira e respeitava seu talento.

A relação dela com os fãs é exatamente o que eu sempre almejei – ela não faz uma simples apresentação, ela se conecta.

Assim que encontrei com ela nos bastidores, precisei falar onde e como tínhamos nos conhecido. Claro que agora ela já sabia que eu era um cantor, visto que iria fazer o show de abertura, e me ofereceu um sorriso ainda maior do que da primeira vez.

— Ei, Taylor, a gente se encontrou uma vez em Nashville, dois anos atrás — falei. — Eu me aproximei de você num café e disse que era um cantor do YouTube.

— Eu me lembro de você — respondeu ela, rindo.

— Não brinca!

— Não, lembro sim.

Não soube ao certo se acreditava nela. Mas não tinha importância. Fiz o show de abertura em várias de suas apresentações naquele verão, e nos demos muito bem.

PERCEBI QUE PRECISAVA DE ALGO DIFERENTE. NÃO GOSTAVA DE FICAR SOZINHO O TEMPO TODO.

Além disso, tive a chance de conhecer e conversar um pouco com Ed Sheeran, que também participou da turnê. Ele é um cara legal e muito talentoso. Essa turnê foi maravilhosamente divertida, e aprendi muito observando a Taylor. Ela é uma verdadeira profissional.

Claro que eu havia tocado em arenas enormes durante o Jingle Ball. Mas isso era diferente. Eram estádios. E os fãs estavam tão animados para ver a Taylor que os shows ganharam uma intensidade extra. A relação dela com os fãs é exatamente o que eu sempre almejei — ela não faz uma simples apresentação, ela se conecta. Além disso, tinha mais gente lá só para me ver do que em qualquer outro show anterior, o que foi muito legal.

Também foi divertido viajar com alguém que tinha mais ou menos a minha idade, mesmo que estivéssemos tão ocupados que tudo o que fazíamos era esbarrar um no outro de vez em quando nos bastidores. Foi quando me dei conta do quanto estava me sentindo sozinho desde que me mudara para Miami no ano anterior. Mesmo viajando muito, eu já estava lá havia praticamente um ano e meio, e sem ninguém. E isso depois de ter passado praticamente um ano inteiro sozinho no quarto da casa do vovô e da *mema*, no começo.

TRUKFIT
17
AM.
AUSTIN MAHONE

Percebi que precisava de algo diferente. Não gostava de ficar sozinho o tempo todo. Eu tinha minha mãe e a equipe, mas precisava de mais. E foi durante o primeiro show da turnê da Taylor Swift que finalmente fiz algo a respeito. Mike Blumstein também estava viajando com a gente. Estávamos fazendo hora nos bastidores quando resolvi tocar no assunto com ele:

— Preciso de amigos com quem eu possa sair — falei. — Aqui só tem adultos. Estou entediado.

Enquanto esperava pela resposta, fiquei nervoso com a possibilidade de ele pensar que eu não era sério o suficiente em relação à música ou que não estava me esforçando o bastante. Mas ele apenas sorriu.

— Por que não manda buscar seus amigos e sugere a eles que viajem com a gente? — disse ele.

Uau. Ótima ideia. Eu realmente podia fazer isso? Decidi tentar. Sabia que podia não ser assim tão fácil, por isso coloquei a ideia em prática o mais rápido possível.

A princípio, Robert e Zach foram nos encontrar durante as férias de verão, antes do último ano do ensino médio. Foi o máximo. A gente se divertiu muito. As viagens passaram a ser muito menos solitárias. Eles decidiram que queriam se mudar para Miami também. Minha mãe falou com as mães dos dois, e eles começaram a fazer planos para terminarem o ensino médio mais cedo. Eu andava ocupadíssimo na época, portanto, o plano era que eles ajudassem, e não apenas me fizessem companhia. Eles aceitaram de cara. Tal como AC, os dois sempre tinham me dado total apoio.

E, então, AC foi morar com a gente em julho. Tínhamos um quarto sobrando no apartamento, então foi tudo perfeito. Claro que, a essa altura, eu mal ficava em Miami, e AC acabou se juntando ao meu novo lar: a estrada. No fim das contas, levamos um ano para organizarmos tudo e, em seguida, para encontrar uma brecha de tempo para ele ir ao nosso encontro. Tivemos que cronometrar tudo corretamente.

Ele acabou se mudando oficialmente para Miami um dia antes de seu aniversário: 10 de julho de 2013. Não percebemos a importância disso até que uma fã ressaltou o fato no Twitter (vocês realmente se lembram de tudo, o que é fantástico): fazia *exatamente* três anos desde que havíamos criado o canal *Shoot Us Down* no YouTube. Muito legal. Era difícil acreditar em tudo o que havia acontecido desde então.

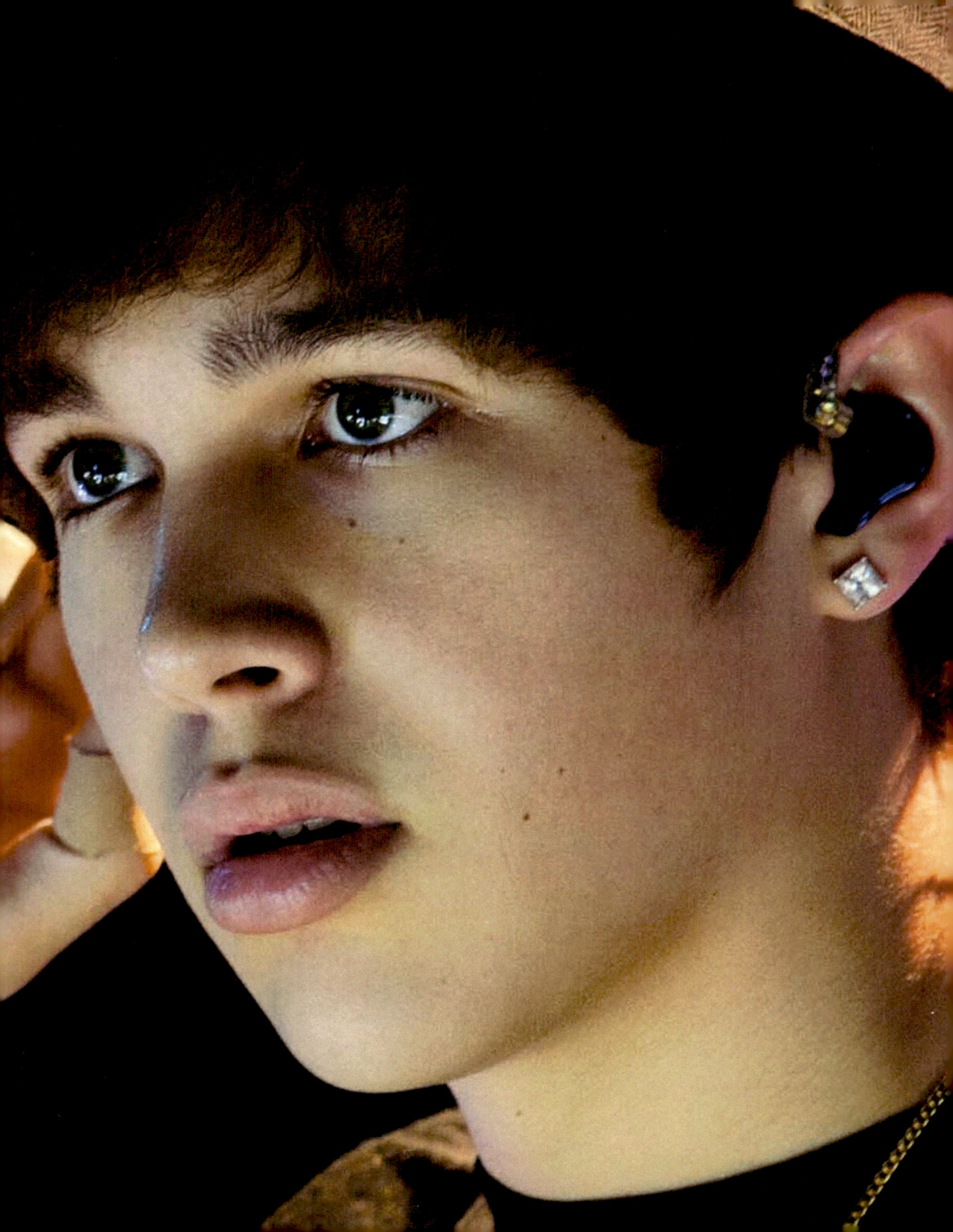

10. BONS E MAUS MOMENTOS

Passei muito tempo na estrada naquele verão, e comecei a perceber que o número de Mahomies pelo país afora era grande! Sempre fui o tipo de pessoa que dá importância aos detalhes — percebo e presto atenção nas menores coisas. Dessa forma, quando estou num aeroporto ou em qualquer outro lugar durante uma viagem, de vez em quando pego um ou outro fã me observando discretamente. Olho para eles e espero. Alguns se aproximam direto, porém, outros parecem tão tímidos ou nervosos que sequer dizem oi. Há até aqueles que começam a chorar. Sempre fico feliz em falar com um fã que se aproxima, ou em tirar uma foto com ele ou com ela. Sou grato pelos meus fãs, e vê-los felizes me deixa feliz também.

Naquele verão, ocorreu também minha primeira viagem internacional. Viajei para Londres em julho de 2013. Eu estava ansioso, pois seria a primeira vez que sairia dos Estados Unidos, e não tinha certeza se alguém apareceria para me ver nem qual seria a reação caso aparecesse. O show estava marcado para o dia da chegada, e eu vinha tentando me preparar para o fato de que talvez não fosse bom. Pelo

SEMPRE TENTO EXPERIMENTAR COISAS NOVAS QUANDO ESTOU NUM LUGAR QUE NUNCA ESTIVE ANTES. É MUITO LEGAL CONHECER OUTRAS PARTES DO MUNDO.

menos, estava tendo a chance de viajar. *Não sei*, pensei, *o resultado talvez não seja muito bom. É um país diferente. Eu talvez tenha alguns fãs aqui, mas quem sabe?*

A rua próxima ao local onde seria o show estava um caos. Uma multidão corria de um lado para o outro. *O que está acontecendo?*, pensei. *Tem alguma parada prevista para hoje?* Mas, ao sair do carro, a multidão rugiu e me dei conta de que o caos na rua era devido às pessoas que estavam esperando ali para me ver. Não conseguia acreditar na quantidade de gente num país diferente querendo estar perto de mim. Fiquei muito feliz.

Desde então já viajei para o Japão, para a Alemanha, para a Suécia, para o México, para a Espanha, para a Itália, para o Brasil e outros grandes lugares.

adidas

e posso dizer uma coisa: os fãs pelo mundo são iguais em muitos aspectos — são todos cheios de energia, prestativos e carinhosos. No Japão, tudo é muito organizado, as pessoas também. Ninguém fica no caminho de ninguém. Se alguém pedir que as pessoas fiquem atrás de uma linha, elas ficarão lá educadamente o dia inteiro. Já no México, a energia é outra. Muito mais forte. As regras lá são diferentes, e os fãs se exaltam muito mais. Claro que adoro todos os tipos de fãs e até hoje não consigo acreditar na atenção que muitas vezes recebo. Quando isso acontece, sinto uma intensa combinação de choque e alegria. Espero jamais me acostumar com isso, pois essa é uma das melhores sensações do mundo.

Viajar para fora do país é realmente caro, portanto, tento aproveitar ao máximo. Quaisquer 15 minutos de tempo livre são preenchidos com alguma coisa.

Por isso, sempre tento experimentar coisas novas quando estou num lugar que nunca estive antes. É muito legal conhecer outras partes do mundo. Tenho a chance de ver como as pessoas vivem, experimentar novas comidas e absorver a cultura. Gosto de voltar desses lugares trazendo diferentes tipos de coisas. Claro que adorei Milão por causa da moda, e fiz muitas compras lá. Madri e a Alemanha foram legais também. Mas acho que, até o momento, meu lugar favorito foi o Japão. Não só todo mundo é extremamente educado, como as comidas e a atmosfera são muito diferentes. Quis levar uma espada e algumas estrelas ninja, mas não pude porque, imagina entrar num avião com uma espada! De qualquer forma, fiquei feliz por poder comprar um dos meus acessórios prediletos: TÊNIS. Eles são estranhos e grandes, simplesmente diferentes, e foi muito bacana poder voltar com algo que as pessoas nos Estados Unidos nunca tinham visto. Não é muita gente que tem a chance de sair do país e conhecer tantos lugares diferentes. Espero conhecer muitos outros e continuar explorando o mundo. Quero muito ir à Austrália e a Dubai. E provavelmente a outros dos quais nunca ouvi falar. Quero ir a todos os lugares possíveis.

Naquele outono, eu iria fazer minha primeira turnê como atração principal com a MTV, que seria apresentada pela marca Artist to Watch. Era uma grande oportunidade, e eu estava muito animado. O primeiro show da turnê seria em Miami, por isso poderíamos ensaiar em casa. Estávamos no local onde seria o show, realizando os últimos preparativos; eu me familiarizava com o palco e repassava cada detalhe. Estava tudo indo muito bem.

Até que, alguns poucos dias antes do show, comecei a me sentir mal de repente. Muito mal. Minha garganta doía e eu estava com febre. Por

SE FOR PRECISO, SOU CAPAZ DE FICAR ATÉ A MEIA-NOITE PARA ACERTAR UMA COREOGRAFIA.

conta de toda a correria com as viagens naquele ano, eu tinha tido um leve resfriado alguns meses antes, e tinha ido a um otorrinolaringologista só para me certificar de que estava tudo bem, e, a princípio, estava. Imaginei, portanto, que era apenas mais outro resfriado e não disse nada a ninguém. Mas, então, comecei a piorar.

Eu estava dando o melhor de mim para esquecer o resfriado e continuar ensaiando, mas não conseguia fingir que não estava me sentindo péssimo. Quando contei para minha mãe, ela olhou no fundo da minha garganta e disse que estava inflamada. *Puxa, isso não é nada bom*, pensei. Por sorte, a irmã do Mike trabalha como médica no Children's Hospital, em Miami (eu disse a vocês que esses caras têm contatos em tudo quanto é lugar), e ela me mandou ver outro especialista imediatamente. Ele fez um monte de exames e disse que eu estava com uma hemorragia na garganta causada por estreptococos. Em seguida, olhou para mim e despejou a má notícia:

— Você não pode cantar por uma semana.

Arrasado, olhei para minha mãe. A turnê incluía dez shows em 14 dias — o que me tiraria de metade deles. No entanto, ignorar o conselho do médico significava que eu poderia causar danos permanentes às minhas cordas vocais. Não sabíamos o que fazer. Eu não queria desapontar meus fãs nem a equipe, especialmente porque tanta gente passara semanas me ajudando a preparar os shows.

O dia inteiro foi muito tenso. Conversamos sobre o problema com a equipe. E ligamos para a gravadora. Eu estava tão mal que tive de deixar o ensaio, o que nunca faço. Se for preciso, sou capaz de ficar até a meia-noite para acertar uma coreografia. E, então, no dia seguinte, acordei tão doente que fiquei na cama o dia inteiro, com febre, suando e dormindo ininterruptamente. Estava tomando remédios, mas eles ainda não tinham surtido efeito, e eu não conseguiria me apresentar por mais que tentasse. E o show seria no dia seguinte.

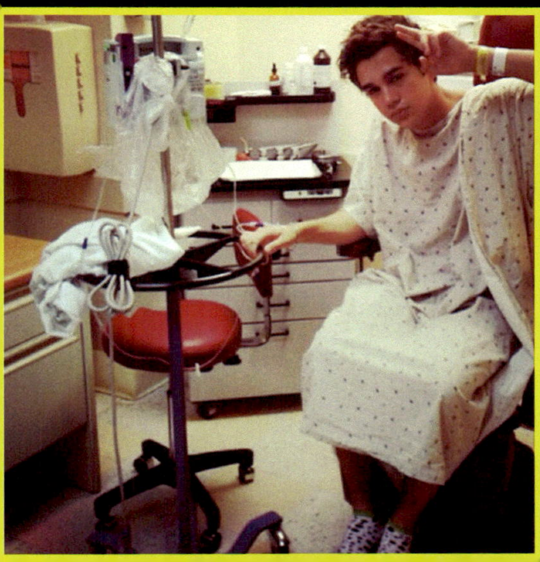

Por fim, todos concordamos que seria impossível e que teríamos que adiar a turnê, caso contrário, eu corria o risco de acabar me machucando de verdade. *Odiei* ter que cancelar os shows pelos quais havia me esforçado tanto e estava tão ansioso. Fiquei muito deprimido. Sentia como se estivesse deixando todos na mão: os fãs, a minha equipe, a MTV, a equipe de produção que havia ajudado a preparar tudo, e os outros artistas que também se apresentariam.

Após o entusiasmo de todas as viagens daquele ano e do tempo que eu levara me preparando para minha primeira grande turnê, foi difícil me ver subitamente obrigado a ficar de repouso. Fiquei literalmente de cama por três semanas. O médico tinha me dito para não cantar, não sair nem me MEXER. Pelo menos havia uma coisa que eu podia fazer para aproveitar o tempo, uma vez que meu objetivo era me tornar um artista cada dia melhor. Podia entrar no YouTube e assistir obsessivamente aos vídeos de grandes artistas: Michael Jackson, Usher, Chris Brown, Justin Timberlake e tantos outros. Estudaria tudo: seus movimentos, expressões faciais, a maneira como se comportavam no palco, *tudo*.

Há sempre muito a aprender. Vamos pegar Michael, por exemplo — ele exala tanto poder, e não apenas na maneira como se move. Sempre achei que as expressões faciais dele eram o mais importante. Assisti ao vídeo de Michael com um papel cobrindo seu corpo, de modo que só a cabeça ficasse visível e, ainda assim, foi incrível. Ele era capaz de uma conexão perfeita com a plateia através de simples expressões faciais. Era fantástico. Fiz diversas anotações mentais, e ainda estou trabalhando nisso.

Essa é outra das coisas legais sobre se apresentar. É como um ciclo. A gente estuda os grandes que vieram antes da gente, para absorver coisas deles e adaptá-las para a nossa realidade. Isso, então, se torna parte do seu show e, com o tempo, de você mesmo. Realmente acho que essa é a melhor forma de crescer como artista.

Era a minha primeira vez numa premiação que até então eu só havia acompanhado pela TV, com as estrelas da minha infância e adolescência. A diferença era que agora eu estava sentado na plateia com elas.

Aproveitei o tempo em que passei na cama, me recuperando, e, assim que o médico me deu alta, eu estava mais do que pronto para voltar aos palcos. Por sorte, em setembro, tive a chance de fazer isso de uma das formas mais legais possível. Eu tinha sido nomeado para um VMA, e não só fui à cerimônia e atravessei o tapete vermelho, como cantei também. Já tinha participado naquele ano do primeiro Radio Disney Music Awards, o que tinha sido muito bacana e oficialmente meu primeiro show numa premiação. No entanto, os VMAs são diferentes, e eu sabia que TODO MUNDO estaria lá.

Cantei no pré-show, que aconteceu na rua do lado de fora da arena do Brooklyn, em Nova York. Definitivamente acho importante, sempre que possível, fazer algo que as pessoas jamais esquecerão, mas, na rua, as possibilidades são limitadas. Quase nunca fico nervoso, mas estava um pouquinho no dia. Era um evento importante. Era a minha primeira vez numa premiação que até então eu só havia acompanhado pela TV, com as estrelas da minha infância e adolescência. A diferença era que agora eu estava sentado na plateia com elas.

AUSTIN
MAHONE

Vários dos artistas que eu admirava estavam lá no dia. Fiquei feliz em ser um dos primeiros a me apresentar, pois, em seguida, pude simplesmente relaxar e aproveitar.

Durante o intervalo comercial, as pessoas se levantaram e começaram a andar pelo teatro, cumprimentando umas às outras. Foi fantástico. De repente, ergui os olhos e lá estava ela, a celebridade pela qual tenho a maior queda: Rihanna. Antes que desse por mim, levantei da cadeira e fui até onde ela estava sentada. Ela me olhou.

— Oi, Rihanna, meu nome é Austin — falei. — É um prazer conhecê-la.

— Olá — respondeu ela, me olhando como se perguntasse: *Quem é esse garoto? Tirem-no daqui.*

— Sou um grande fã — acrescentei.

— Obrigada.

Fiquei ali parado como um pateta, sorrindo. Acho que eu a assustei um pouco. Eu tinha surgido do nada e ela não fazia ideia do que estava acontecendo nem de quem eu era. Por fim, pensei: *Certo, é melhor eu voltar para*

o meu lugar. Virei as costas e voltei para minha cadeira. *Isso não deu muito certo*, pensei ao me sentar.

Ainda assim, foi divertido. Foi um momento magnífico, provavelmente a melhor noite da minha vida. Sei que estou sempre dizendo isso, mas acreditem em mim, é difícil escolher uma única noite quando tantas coisas maravilhosas estão acontecendo.

Pouco depois, chegou a hora da minha categoria: Artist to Watch. Tudo já estava sendo tão fantástico que não faria diferença se eu ganhasse ou não,

AWARDS
BROOKLYN 13

Foi um dia maravilhoso, em um ano repleto de dias maravilhosos.

embora eu quisesse vencer, é claro. Não consegui acreditar quando eles chamaram meu nome e eu me vi subindo no palco para receber o prêmio.

É, essa talvez tenha sido a melhor noite da minha vida.

Pouco depois da premiação, contratei um novo preparador vocal, Raab, que trabalha com o Justin Timberlake e com a Rihanna, e de cara percebi que ele me ajudaria a crescer. Lancei meu novo single, "Banga! Banga!", no dia 10 de novembro, o que é sempre uma sensação maravilhosa — lançar músicas novas no mundo. Ela possuía uma batida mais urbana do que as outras que eu havia lançado até então, e foi como dar um passo adiante. Eu vinha já há um tempo tentando encontrar "o som" que se encaixasse perfeitamente com a minha voz, um som que fosse só meu, mas gostava de experimentar tipos

diferentes de música, uma vez que realmente amo tantos estilos diferentes. Cheguei então à seguinte conclusão: talvez meu som não devesse se ater a um estilo específico.

Mesmo que não achasse possível, a vida estava prestes a ficar ainda melhor. No Dia de Ação de Graças daquele ano, não só tive a oportunidade de vivenciar meu sonho de infância e estar em Nova York para a parada da Macy's, como fui convidado a cantar "Banga! Banga!" em um dos carros. Eu *participei da parada*.

O dia inteiro foi fantástico — bem, exceto por uma coisa: estava muito *frio*, de congelar. Eu parecia uma cebola, com tantas camadas de roupa, e mesmo assim estava tendo dificuldade em me manter aquecido. Não que o frio ou qualquer outra coisa pudesse ter me desestimulado. Foi tudo simplesmente incrível, a animação enquanto eram feitos os ajustes finais nos carros, a inacreditável sensação de estar na cidade, com toda aquela energia, as ruas abarrotadas com milhares e milhares de pessoas reunidas para ver os blocos. E, não só isso, pois acabei descobrindo que havia muita gente lá só para me ver. Em determinado momento, enquanto eu acenava para a multidão, vi pelo canto do olho uma garota pouco atrás da faixa que separava as pessoas da parada. De repente, ela agarrou a faixa, pulou por cima dela e partiu correndo em direção ao meu carro. Ela corria com todas as forças. Mas, então, ainda pelo canto do olho, vi um policial partir em disparada para pegá-la. Assim que ele a alcançou, passou os braços em volta dela e BOOM, derrubou-a. Ela bateu no carro alegórico e resvalou para o chão. *Ai, meu Deus, a garota*

está no chão, pensei. Eu me senti muito mal. Dava para ver que ela estava totalmente sem ar. Mas sabem do que mais? Ela se levantou e estendeu um braço, de modo que pude cumprimentá-la. E, mesmo depois de tudo isso, ela foi embora sorrindo.

No entanto, a melhor coisa em relação a esse dia foi o fato de que minha mãe, o vovô e a tia Lisa estavam lá também, o que trouxe de volta muitas lembranças. A única pessoa que faltava era a *mema*. Era muito difícil para todos nós. Mas eu sabia que ela estaria orgulhosa de mim, o que era muito importante. Foi um dia maravilhoso, em um ano repleto de dias maravilhosos.

11. ATRAÇÃO PRINCIPAL

Mais uma vez, foi muito louco ver como tudo podia mudar em apenas um ano. Terminei 2013 com outra turnê do Jingle Ball, o que significou mais uma chance de viajar, me apresentar para novas plateias e conhecer o maior número de fãs possível. Passei do palco menor para o grande, o das atrações principais. Dava para ver que havia mais Mahomies agora (reparo em todos os pôsteres e camisetas, mesmo à distância no palco, e isso significa muito para mim). Ainda era difícil acreditar que eu estava dividindo os holofotes com gente como Pitbull, Selena Gomez e Paramore, embora fosse algo com o qual eu definitivamente poderia me acostumar.

Quando me pediram para cantar "Silent Night", no *Late Night with Jimmy Fallon*, pouco antes do Natal, encarei como uma honra e uma oportunidade. Eu adorava o programa, por isso, ser convidado para ele foi uma bela surpresa. Foi também a primeira vez em muito tempo que cantei sem toda a coreografia. Estou sempre dançando ou correndo de um lado para o outro. Dessa vez, porém, o foco não era o espetáculo, e sim minha voz. E essa música não é brincadeira. Senti como se

estivesse sendo reconhecido como um cantor de verdade. Isso é realmente muito importante para mim. A música é a minha vida e, para construir uma carreira de peso, interpretar músicas de qualidade é minha maior prioridade.

Nesse meio-tempo, continuei vivenciando outras fantásticas primeiras vezes. Uma das mais importantes foi escrever uma música com Robert. Escrevemos "All I Ever Need" juntos, e foi uma experiência muito bacana. Ele havia se tornado parte importante do processo musical no ano anterior. Não só é maravilhoso trabalhar com alguém que conheço tão bem e que sempre me apoiou — estou falando desde os dias no time de futebol da Pop Warner, entendem? —, mas também sei que, para mostrar meu talento como artista, é crucial gravar músicas

IF
YOU PICK
US AS YOUR
U GIRL
WE'LL TAKE
YOU TO OLIVE
GARDEN

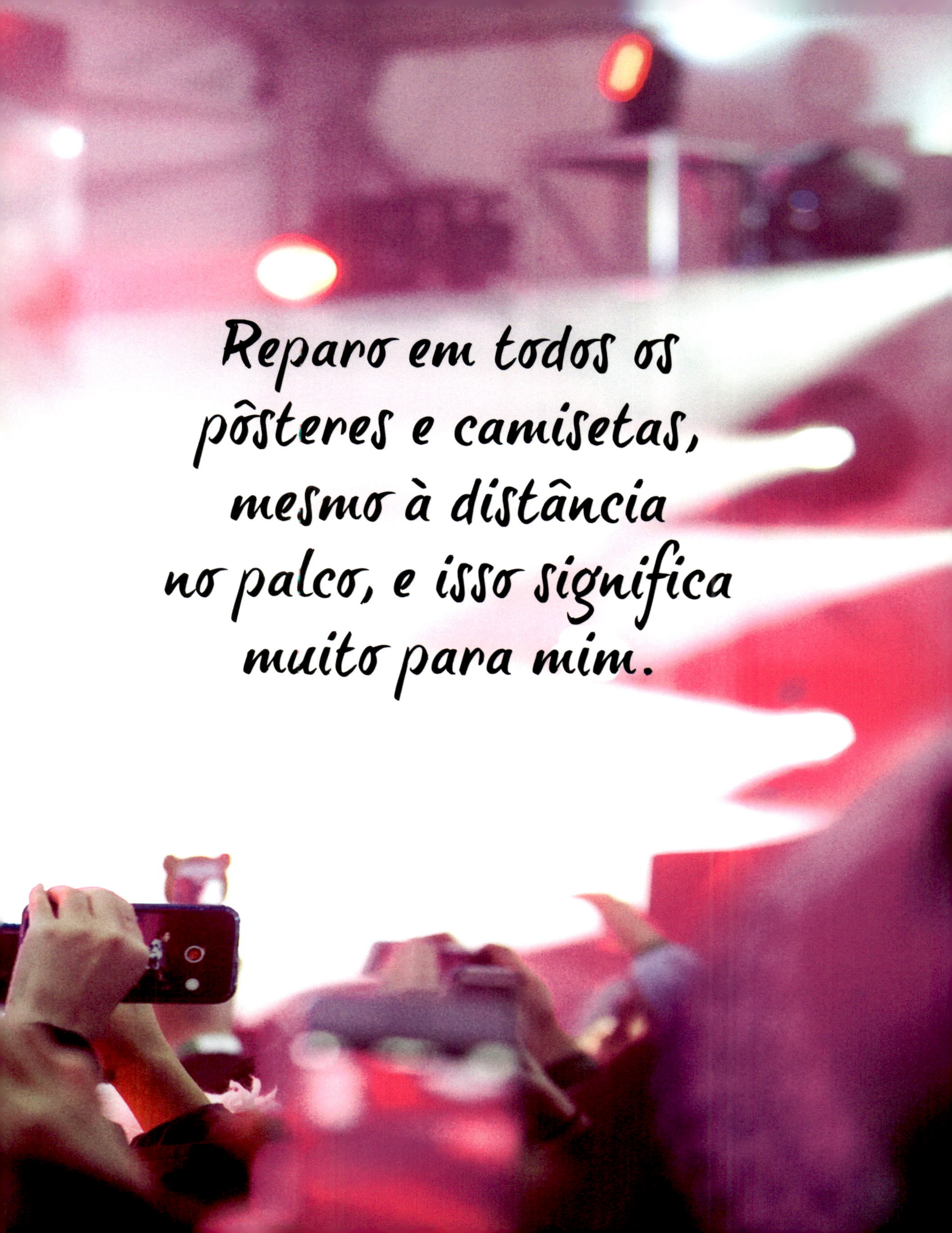

Reparo em todos os pôsteres e camisetas, mesmo à distância no palco, e isso significa muito para mim.

TTHEO

de minha própria autoria. E, que outra forma melhor de mostrar sua alma do que compor uma música com um dos seus melhores amigos?

Acabei, também, conseguindo remarcar a turnê Artist to Watch da MTV que fora obrigado a cancelar no outono de 2013 devido à inflamação de garganta causada por estreptococos, o que significava que eu iria finalmente partir para minha primeira turnê como atração principal. Não tivemos a chance de percorrer o país inteiro, mas todos os shows foram fantásticos.

Comecei a me preparar para lançar um EP em janeiro de 2014, quando soltei "Mmm Yeah", com participação de Pitbull. Fizemos dois vídeos para essa música — um de brincadeira e outro oficial. Ela se tornou meu maior single até o momento. E, então, no dia do meu aniversário, divulguei minha turnê de verão e a data em que o EP seria lançado, 27 de maio. Um dia antes, na

TODAY
Wanna Pizza This?

SER A ATRAÇÃO PRINCIPAL DEMANDA MUITA RESPONSABILIDADE, MAS EU ESTAVA TOTALMENTE PREPARADO PARA ISSO.

última segunda-feira de maio, o Memorial Day, me apresentei no *Today Show* como parte de sua série de shows de verão ao ar livre. Eu já tinha participado do *Today Show* uma vez, na época do lançamento de "What About Love", e foi uma honra ser convidado a voltar, principalmente porque eu havia crescido assistindo ao programa. Também foi legal voltar a Nova York e me apresentar no Rockefeller Center de novo. Sem contar que era uma grande maneira de estrear duas músicas do meu EP, *The Secret*.

Passamos meses preparando tudo para a turnê *The Secret*, que seria minha primeira turnê nacional como atração principal. Era uma grande oportunidade de conquistar mais fãs ainda. Prestamos atenção aos menores detalhes. Queríamos que tudo ficasse perfeito para vocês.

Uma das decisões mais difíceis foi escolher quem faria os shows de abertura. Muitos aspectos precisavam ser levados em consideração. Não só precisávamos de bons artistas, como de gente diferente entre si para que pudéssemos

agradar a gostos variados. Eles também precisavam ser pessoas bacanas, assim como suas equipes, pois teríamos que passar muito tempo juntos durante os dois meses seguintes. Acabamos escolhendo The Vamps, Fifth Harmony e Shawn Mendes para os primeiros 19 shows e Fifth Harmony, Shawn Mendes e Alex Angelo para os últimos onze.

Apenas um ano antes eu tinha feito o show de abertura para Taylor Swift, e agora era o responsável por escolher artistas para nos acompanharem na turnê. Não que eu já estivesse tocando em lugares grandiosos como a Taylor, mas, mesmo assim, considerava um privilégio poder convidar artistas a se juntarem a mim na estrada como ela havia feito comigo.

Ser a atração principal demanda muita responsabilidade, mas eu estava totalmente preparado para isso.

12. VOLTA AO LAR

Talvez seja uma coisa estranha de se dizer, mas não sinto como se tivesse um lar. Nenhum dos lugares onde vivo me passa essa sensação. De vez em quando, sinto como se minha casa fosse um quarto de hotel. É onde durmo a maior parte dos dias, vivendo literalmente das coisas que carrego numa mala (na verdade, umas três ou quatro). Eu vivo na estrada. Mas no momento não me incomodo com isso.

O motivo de eu me sentir em casa na estrada é o fato de estar viajando com minha equipe. Minha família musical. Por isso, onde quer que esteja, sinto como se tivesse uma base familiar sólida, mesmo que esteja perambulando de um lado para o outro num ônibus da turnê. Realmente acho que estar cercado por pessoas boas é o segredo para uma vida de qualidade, especialmente nessa indústria. Tenho muita sorte por ter esse grupo de amigos e familiares comigo o tempo todo, me apoiando. Eles me mantêm com os pés no chão.

Pensei muito sobre isso ao me preparar para a turnê do verão de 2014, já que ela teria início num lugar muito importante para mim: San Antonio. Foi uma sensação fantástica começar a turnê com um show

Estar cercado por pessoas boas é o segredo para uma vida de qualidade, especialmente nessa indústria.

esgotado em minha cidade natal, o mesmo lugar onde eu costumava ir aos rodeios com minha família quando criança.

Voamos para San Antonio num domingo e passamos a semana inteira ensaiando com meu coreógrafo, Nick, e a assistente dele, Aubree. Claro que Josh também estava com a gente. Sempre me sinto melhor sabendo que ele está lá para me dar apoio.

Meu preparador vocal, Raab, se juntou a nós para trabalhar comigo pessoalmente. Em geral usamos o FaceTime para fazer o aquecimento antes de um show. No entanto, ele sempre aparece para os eventos realmente importantes. E, para esse, ele estava sendo mais exigente do que nunca. Por um bom motivo, é claro.

Cantar e dançar ao mesmo tempo definitivamente é um desafio. A dança já faz você perder o fôlego e, então, ainda tem que cantar. E cantar bem. Sempre que retomo os ensaios e apresentações após passar um tempo longe das estradas, termino os shows totalmente morto. Dessa forma, uma das maiores prioridades naquela semana era trabalhar o condicionamento físico. Por sorte, tínhamos uma arena enorme e vazia para usar.

Raab se sentou em uma das cadeiras da plateia com seu pequeno teclado e tocou escalas para que eu fizesse os exercícios vocais de aquecimento. E, então, passamos para a parte física.

— Em sua marca. Prepare-se e já — disse ele.

Dito isso, percorri em disparada por toda a arena, o mais rápido que consegui, no intuito de melhorar minha capacidade pulmonar. Ele falava o tempo inteiro num microfone ligado a um fone em meu ouvido, gritando palavras de incentivo.

Ao terminar a última curva, eu tinha que parar diante dele e cantar. Entendam, não é suficiente ter uma excelente capacidade respiratória. É necessário que sua voz alcance as notas mesmo você estando exausto, que ela soe da mesma forma que quando você está cantando no estúdio. Esse é o objetivo. Portanto, fizemos isso repetidas vezes. É como um acampamento militar de música.

Enquanto isso, a arena fervilhava com diferentes atividades. O cenário estava sendo armado. Os equipamentos, testados. E Nick trabalhava com os dançarinos no palco, repassando a coreografia para que eles já estivessem com tudo perfeito quando fôssemos ensaiar juntos. Vocês não acreditariam em quantas vezes verificamos até os mínimos detalhes — e, num show de uma hora de duração há um monte de detalhes —, porque todos eles somam na criação de uma experiência fantástica, e um simples probleminha pode vir a arruinar tudo. Vocês talvez não reparem. Mas nós reparamos, e queremos que tudo seja perfeito.

Por sorte, há momentos de descanso no decorrer do dia, o que me ajuda a manter a mente tranquila enquanto me preparo para um grande show. De vez em quando, esses momentos são preenchidos com outras coisas, também. Há sempre entrevistas a serem dadas, toneladas de decisões a serem tomadas a respeito do que irei vestir, em que ordem as músicas serão apresentadas e até mesmo que microfone eu pretendo usar. Então, quando tenho a chance de realmente descansar por alguns minutos, aproveito ao máximo. É por isso que, em meio a tanta loucura, é legal ter AC, Robert e Zach comigo na estrada.

É realmente importante manter tudo em andamento nesses longos dias de ensaio, por isso, é comum sermos encontrados ensaiando às 23h, ainda que eu precise pedir ao hotel que me acorde às 08h30 para cumprir os compromissos de participações em programas de rádio e TV que acompanham um grande show. Por isso, sempre que dá, aproveito toda e qualquer chance de descanso. E, em geral, AC, Robert e Zach estão lá comigo.

PRO COMB

Uma das coisas mais interessantes é que, embora tudo tenha mudado, na verdade nada mudou. Eles continuam sendo meus parceiros, e fico feliz por poder contar com eles. Por exemplo, se quero um conselho sobre moda, procuro AC. O sonho dele é ser ator, mas ultimamente ele tem se interessado muito por moda.

Agora, se preciso de conselhos sobre uma garota, procuro Robert. Ele sempre tem bons conselhos a oferecer. E, é claro, a cada dia que passa, é a ele que recorro com mais frequência com perguntas sobre minha música. Desde "All I Ever Need", ele e eu temos escrito muitas canções juntos. Além disso, é ele quem faz o rap em "Shawty, Shawty", de modo que se apresenta nas turnês comigo também.

Zach, por sua vez, eu conto para qualquer coisa. Mas sua maior qualidade é a capacidade de nos fazer rir. Não sei o que eu faria se eles não estivessem comigo nesta jornada.

Nos dias que antecedem ao show, ensaio literalmente cada elemento, desde a maneira de segurar o suporte do microfone (é sério — uma vez, Nick e eu trabalhamos nisso por 45 minutos) até a troca de roupa a ser feita no meio do show. Eu tinha pouco mais de um minuto para me ausentar do palco, e minha figurinista não estava convencida de que eu conseguiria fazer a troca. Ela, portanto, me obrigou a treinar no camarim, cronometrando o tempo. Só depois de provar que conseguia é que ela concordou com a mudança de figurino que eu pretendia fazer. Como disse, presto atenção aos mínimos detalhes. Nós todos prestamos.

Mesmo que haja tanta coisa a ser resolvida e pouco tempo para isso, nunca deixo de fugir para realizar meu mais importante ritual. No segundo dia de ensaio, encontrei um minuto para ficar sozinho, o que normalmente não é fácil quando você está na estrada, e percorri o longo caminho até os assentos mais distantes do palco. Quando sentei e olhei para o palco onde iria me apresentar, foi quase como se conseguisse visualizar todos os rodeios que tinha assistido ali, e tudo o que havia acontecido entre esses eventos da infância e a vida de sonho que levo agora. Foi uma sensação maravilhosa.

Os dias são longos, mas o tempo passa rápido. Antes que eu me dê conta, chegou o dia do show. Todos estavam um pouco nervosos porque não íamos poder repassar o espetáculo de novo como pretendíamos, o que basicamente significava que o show da noite seria como um ensaio vestido a caráter.

QUANDO SENTEI E OLHEI PARA O PALCO ONDE IRIA ME APRESENTAR, FOI QUASE COMO SE CONSEGUISSE VISUALIZAR TODOS OS RODEIOS A QUE TINHA ASSISTIDO ALI, E TUDO O QUE HAVIA ACONTECIDO ENTRE ESSES EVENTOS DA INFÂNCIA E A VIDA DE SONHO QUE LEVO AGORA.

Mesmo nos bastidores, posso dizer o minuto exato em que a plateia começa a entrar no prédio. É como se, uma vez abertas as portas, o ar ficasse com uma energia diferente.

Quando todos começam a chegar, é uma sensação maravilhosa, como um constante zumbido pairando no ar. Os artistas dos shows de abertura se reúnem pouco antes da passagem de som e, de repente, a cantina está vibrando com os sotaques britânicos dos The Vamps, as risadas das garotas do Fifth Harmony e a comilança de Sam Mendes e sua equipe. Todos estão conversando sobre a turnê e falando sobre o quanto esta primeira noite é especial. Isso para não falar que vovô e tia Lisa estão lá, assim como os pais dos meus amigos. É como uma reunião em família.

Durante a passagem do som, sento na primeira fileira e assisto pelo menos a algumas músicas de cada um dos artistas. Como disse, lembro muito bem que há pouco tempo era eu quem estava no lugar deles, e sempre tento honrá-los assistindo a parte de suas performances, o que talvez não dê para fazer depois que o show começar dali a algumas horas. Além disso, há sempre a chance de aprender alguma coisa.

O encontro VIP da tarde transcorre bem. Esses encontros incluem um pré-show íntimo para algumas centenas de fãs e uma sessão de perguntas e respostas, comandada por Robert. Adoro esses encontros porque tenho a oportunidade de tocar diferentes versões das músicas de meu repertório tradicional — como, por exemplo, uma versão acústica de "Mmm Yeah". E, também, porque tenho a chance de conhecer pessoas e tirar fotos.

Estava me preparando para esse encontro VIP quando Dave entrou no camarim e me disse que uma das fãs passou mal e quase desmaiou. A equipe médica havia cuidado da garota e ela agora estava bem, mas eles iam ligar para os pais virem buscá-la. Esse era o problema, ela havia perdido a passagem das músicas enquanto estava sendo atendida, e agora ia perder o encontro e o show.

Dave e eu fomos até onde ela estava, próximo ao palco. A garota estava sentada numa cadeira de rodas enquanto esperava que os pais aparecessem. Ao me ver, sua boca se apertou imediatamente e ela cobriu os olhos para esconder as lágrimas.

— Ai, meu Deus, ai, meu Deus, ai, meu Deus — disse a menina.

Fui até ela e ofereci o sorriso mais gentil que consegui.

— Olá — cumprimentei. — Como você está se sentindo?

Agachei e levantei os apoios para os pés da cadeira. Em seguida, ajudei-a a levantar para tirarmos uma foto. Apoiando-se em mim e em uma de suas amigas, ela finalmente relaxou o bastante para sorrir. Esses são os momentos que fazem com que todo o trabalho valha a pena.

Os encontros são sempre divertidos, mas esse em particular foi um dos melhores que já promovi. Meus fãs de San Antonio são muito atenciosos — uma garota me trouxe um plaquinha numerada do meu restaurante predileto, Whataburguer, impressa com meu número da sorte: 74, e outra me trouxe uma pizza. Além disso, havia diversos rostos familiares: velhos amigos, vizinhos e até meu antigo professor de violão, Manny. Foi fantástico poder mostrar a ele o quanto seus ensinamentos haviam me ajudado e onde finalmente tinham me conduzido.

Juro que, mesmo nos bastidores, posso dizer o minuto exato em que a plateia começa a entrar no prédio. É como se, uma vez abertas as portas, o ar ficasse com uma energia diferente. Posso sentir a emoção e a animação, o que me deixa emocionado e animado também. Esse é o poder da música. É uma forma incrível de se conectar com as pessoas. Significa muito para mim que vocês entendam isso, e que amem minha música tanto quanto demonstram.

Não posso dizer que tenha ficado nervoso à medida que a hora de começar se aproximava, mas fiquei definitivamente um pouquinho ansioso. Assim sendo, procurei me distrair jogando basquete com AC e alguns dos dançarinos que não estavam envolvidos em suas rotinas de preparação. Enquanto jogávamos, a primeira banda de abertura subitamente abafou o som da bola batendo no piso de cimento. O show havia começado.

HORA DO SHOW

Afasto-me do círculo de oração com as palmas e os gritos ainda ecoando em meus ouvidos. Adoro esses momentos, de verdade. Estamos todos juntos no mesmo barco, todos sentindo a mesma estranha combinação de adrenalina e concentração necessária para criar um bom show. Vou para o camarim e boto o fone de retorno, que me permite escutar os comunicados da equipe enquanto estou no palco. Dou alguns pulinhos, certificando-me de que estou pronto para ir até lá e mostrar para minha cidade natal o ponto em que já cheguei e o quanto ainda posso conquistar com algo que a maioria das pessoas considerava um sonho maluco.

Ao voltar para os bastidores, todos me dão um tapinha nas costas, um aceno de cabeça ou uma palavra de encorajamento. Mas ninguém tenta realmente falar comigo. Todo mundo sabe que esta é a minha hora, um dos momentos mais importante do dia, quando entro numa espécie de transe, a fim de me preparar para usar tudo o que treinei e aperfeiçoei para criar uma verdadeira conexão com vocês.

Estou pronto para ir até lá e mostrar para minha cidade natal o ponto em que já cheguei e o quanto ainda posso conquistar com algo que a maioria das pessoas considerava um sonho maluco.

ENQUANTO ESCUTO A MULTIDÃO BERRANDO, PENSO EM ONDE CONSEGUI CHEGAR E EM TODOS OS QUE ME AJUDARAM NO PERCURSO ATÉ ALI, EM QUANTO FOI PRECISO ACREDITAR EM MIM MESMO E NA FORÇA QUE EU OBTIVE A PARTIR DA FÉ QUE ELES DEPOSITARAM EM MIM.

Está escuro nos bastidores, mas eu sei onde tudo e todos estão — exatamente onde deveriam estar — e me deixo mergulhar naquele momento, no coração do show, que é só meu, o lugar ao qual pertenço, conduzindo minha equipe, cantando para os Mahomies, vivendo meu sonho.

A poucos metros do palco, mas ainda invisível na escuridão, escuto as garotas gritando e vibrando, e sinto a onda de energia que começou a tomar conta do prédio horas antes. É incrível sentir aquela vibração antes mesmo do show começar e não numa noite qualquer ou numa cidade qualquer, mas na primeira noite da minha primeira turnê nacional como atração principal, e na minha cidade natal, San Antonio.

Posiciono-me atrás das cortinas que se abrirão em poucos minutos, por onde entrarei no palco e me apresentarei para meus fãs. Enquanto escuto a multidão berrando, penso em onde consegui chegar e em todos os que me ajudaram no percurso até ali, em quanto foi preciso acreditar em mim mesmo e na força que eu obtive a partir da fé que eles depositaram em mim. Tonto, com lágrimas nos olhos, deixo meu corpo ser tomado pela emoção. E, então, me sacudo para acordar.

Tudo se resume à única coisa que eu amo acima de todas as outras: a música.

E, então, uma voz ecoa pela arena.

— AUSTIN MAHONE.

A batida começa, as cortinas se abrem e eu saio para o palco, pronto para proporcionar um show que as pessoas jamais esquecerão.

VIDA NA ESTRADA

MAHONE

EXIT

FOTOS DA CAPA

AGRADECIMENTOS

Meu mundo cresceu muito nos últimos anos. Antes, éramos apenas eu e minha mãe fazendo tudo — agora estamos cercados por um maravilhoso grupo de pessoas que nos ajudam de diferentes formas. Não poderia fazer o que faço sem o apoio delas, o que inclui este livro.

Sem dúvida não poderia ter chegado até aqui sem minha mãe e meus amigos — AC, Robert e Zach —, que passaram horas vasculhando as fotografias antigas e escaneando-as para mandar por e-mail, e que depois fizeram de tudo para se certificarem de que elas constassem no livro.

Minha equipe empresarial — Rocco, Dave, Mike e Brian — me ajudou com esse negócio de livros, e ficou ao meu lado a cada passo do caminho. Quero agradecer também ao chefe da segurança, Joe, pelo incentivo a tornar isso real, e a Dan Roof e Erica Gerard por divulgarem a ideia.

Preciso agradecer a Sarah Tomlinson, Farrin Jacobs, Sasha Illingworth, Wendy Dopkin, Jonathan Lopes e a todos da Little Brown por trabalharem tanto para juntar as peças.

Obrigado também à minha gravadora, Chase Records/ Cash Money/ Republic, por seu constante apoio, e à equipe da Paradigm.

Sou grato por minha família apoiar tudo o que faço. Obrigado vovô, tia Lisa, tia Robin, Rylie e Logan.

E, é claro, nada disso seria possível sem meus fãs. Vocês são os melhores, e não tenho palavras para agradecer a vocês por todo o apoio que me dão. Espero estar deixando-os orgulhosos.

CRÉDITOS DAS IMAGENS

Todas as fotos pessoais são cortesia da A.M. Music, LLC
Todas as outras fotos por Luis A. Valverde
e cortesia da A.M. Music, LLC, exceto as seguintes:
Páginas I, II, VIII, 208-209 e 214: © Howard Huang
Páginas 67 e 188: Todas as imagens da conta do Instagram
de Austin Mahone: instagram.com/austinmahone
Página 167: © Mike Pont / Getty Images
Páginas 168-169: © Ali Smith

Este livro foi composto nas tipologias Anodyne,
Bodoni Std, Brush Script MT, Brush-Tip Terrence, e
impresso em papel couché fosco 115g/m²
na Lis Gráfica.